인간의
학습법

인간의 학습법

혜온

허무를 이겨 내는
메타 학습

메타 학습을 통해 스스로 문제를 찾아 나설 때
인간은 비로소 허무의 바다를 건너는
가슴 뛰는 항해의 주인공이 될 수 있다.

좋은땅

잊힌 질문을 꺼내다

유발 하라리는 그의 책『호모 데우스』에서, 신기술을 이용하여 인간의 마음을 재설계할 수 있을 때 호모 사피엔스는 사라지고 인류의 역사가 끝날 것이라고 예언한 바 있다.[1] 너무 오래 자신의 역할을 망각해 온 대가인가. 인간을 적대시하는 자살 행위가 지성적 결단으로 평가되는가 하면, 인류 종말이라는 말에도 고개를 끄덕이는 무기력함이 자기 성찰로 미화되고 있다.

그러나 인간이 호모 데우스라는 기술 합작의 물질적 존재로 개조되는 상상까지 맞장구쳐 주기는 어려워 보인다. 신기술로 기세등등해진 사람들의 모습을 보면 장난감 총을 들고 한껏 폼 잡는 어린아이의 모습이 떠오르는 것은 어쩔 수 없는 노릇이다.

현대인이 인간의 가치를 상실한 것은 부인할 수 없지만, 그것은 여전히 아무도 인간의 작용을 모른다는 반증이기도 하다. 인간의 미래가 되고 싶은 호모 데우스조차도 마음에 대한 무지를 고백하고 있다. 인간의 원리를 모르면서 인간 개조 운운한다면 이것이 철부지의 장난감 총과 무엇이 다른가.

---

1 『호모 데우스』(미래의 역사), 73p, 484p, 유발 하라리, 김영사 참조.

그럼에도 불구하고『호모 데우스』의 도발적 예언들은 현대 물질문명을 이끌어 온 과학기술 지상주의의 지향점이 무엇인지 엿볼 수 있는 귀중한 자료이다. 이 책에서는『호모 데우스』의 관점을 반면교사 삼아 이 시대의 진짜 문제를 조명할 것이다.

* * *

현대는 행복이 삶의 목표가 되어 버린 가치 실종의 시대이다. 이유 없는 행복은 쾌락의 다른 이름이며, 사람들은 시간이 갈수록 줄어드는 쾌락에 전전긍긍하게 된다. 쾌락의 추구는 본질적 문제를 외면하는 심리적 기제이다.

한순간도 쾌락 없이 버틸 수 없는 나약한 내면은 허무와 무력감을 호소하고 있다. 우리가 정말 걱정해야 하는 것은 길을 잃고 고립된 허무의 자아이다. 가슴 뛰는 항해와도 같은 인생에서, 허무는 자신이 표류하고 있음을 알려 주는 가장 위급한 신호이기 때문이다.

정상적이라면 인간은 학습을 통해서 인생의 항해를 위한 준비를 마쳐야 한다. 그러나 잘못된 학습은 쾌락의 섬에 가두려 할 뿐 인간을 준비시키지 않는다. 내면에 방치된 현재의 허무와 무력감은 모두 잘못된 학습에서 비롯된 것이다.

인간의 존재 이유를 가리고 기득권을 위해 봉사해 온 가짜 교육에서 벗어나, 이제는 나의 진정한 성장을 위해 학습할 때이다.

신기술의 도발이 물질문명의 비극적 결말이 아니라, 인간의 존재 이유라는 오래전에 잊힌 질문과 만나는 터닝 포인트가 되길 바란다. 인간이 올바른 학습을 통해서 자신의 항해를 다시 시작할 수 있기를, 그리고 그것을 돕는 것이 신기술이길 바란다.

2023년 끝자락, 혜온

I

잃어버린
메타역량

1

인간의 가치, 메타역량

존재 이유와 학습의 관계

인간의 특기를 생각해 본 적 있는가? 자신의 개인기나 취미는 쉽게 떠오르는데, 인간이 공통으로 갖는 특기라면 너무 많기도 해서 어느 한 가지를 고르기는 어려울 것이다. 그렇다면 인간의 존재 이유는 무엇인가? 행복하면 되지 존재 이유 같은 건 따로 없다고 생각할 수도 있다.

그럼 마지막 질문이다. 인간은 무엇을 학습해야 하는가? 대학 입시나 취업을 위한 것이라면 얼마든지 열거할 수 있지만, 인간의 학습을 정의하자면 역시 쉽지 않을 것이다.

이 세 질문은 삼각뿔의 세면처럼 서로를 지탱하며 한 방향을 가리킨다. 그러므로 어느 하나라도 잘못된 답을 한다면 나머지 답 역시 성립할 수 없다.

> "사물이 있으면 법칙이 있다(有物有則)." -『시경』-

사물은 저마다 살아가는 법칙이 있다. 존재 이유에 따른 변화의 방향성이 그것이다. 인과관계로 얽힌 세계에서 결과로서 존재하는 모든 사물에는 필연적으로 존재 이유에서 기인하는 삶의 법칙 내지는 방향성이 있다.

자연의 존재는 자신의 존재 이유를 고유역량인 자신만의 특기로써 드러내고 실현한다. 다시 말해, 각자의 고유역량에는 존재 이유가 투영되어 존재 이유에 실재성을 주는 것이다. 그리고 고유역량을 발휘하여 자신만의 변화를 실현해 간다면 그것이 곧 존재 실현이다.

예를 들어, 딱따구리의 존재 이유가 나무 속 해충을 없애는 것이라면, 딱따구리는 그것을 위한 고유역량을 타고 날 것이다. 적당한 길이의 딱딱하고 예리한 부리, 완충 역할을 하는 머리뼈 및 두개골을 감싸는 긴 혀의 구조를 가진 딱따구리는 나무에 구멍을 파서 벌레를 잡아먹는다. 고유역량을 발휘한 결과 나무의 해충을 없앴다면 딱따구리는 자신의 존재 가치를 실현했다고 할 수 있다.

다만, 타고난 고유역량은 완성된 게 아니고 학습을 통해 성장해 가는 것이다. 욕망을 포함하여 기타의 다른 능력들은 결과적으로 고유역량의 작용을 돕기 위해 존재한다고 할 수 있다.

"어느 누구도 자신이 지닌 특이한 재능의 희생자가 될
필요는 없다. 이런 특징이 적든 많든 그것들은 위대한

한 가지 목적을 성취하는 데 이용하라고 주어진 것이다.” – 『영원의 철학』, 올더스 헉슬리 –

그런 면에서 학습은 고유역량을 정확히 조준해야 한다. 방향이 잘 못된 학습은 성장은 물론 존재 이유 자체를 폐기하게 될 위험성이 있다. 예를 들어, 딱따구리가 열매껍질 까기는 열심히 하는데 정작 자신의 특기인 나무 구멍 내기를 시도하지 않는다면 딱따구리로서의 존재 이유를 포기한 것이나 다름이 없다.

물론 자연에서라면 고유역량을 외면하는 학습은 있을 수 없는 일이지만, 만일, 새를 새장에 가두고 열매를 던져 주는 인위적인 상황이라면 정상적인 학습은 기대하기 어렵게 된다. 비정상의 상황이 계속된다면 딱따구리는 자신의 존재 이유를 상실할 것이다.

이 세계는 인과율 속에서 각자의 존재 이유가 만들어 가는 퍼즐이므로, 존재에게 가장 큰 비극은 고유 작용을 상실하고 세계와 괴리되는 것이다. 그리고 그것은 잘못된 학습에서 비롯된다. 잘못된 학습 환경이 고유역량을 억압한 결과이다.

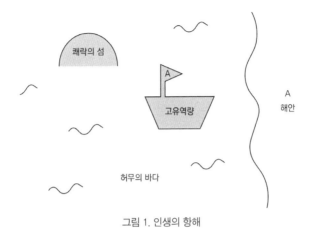

그림 1. 인생의 항해

　인생을 항해에 비유하자면, 존재 이유는 정해진 목적지(A)로 가는 것이다. 고유역량은 목적지(A)를 향해 항해하는 배로서 쾌락의 섬을 떠나 허무의 바다를 건너 목적지(A)에 도착할 때까지 삶을 안내한다. 여기서, 학습은 주어진 설계도를 기초로 고유역량이라는 배를 완성하여 항해를 준비하는 과정이다. 이처럼 존재 이유, 고유역량 그리고 학습은 서로 유기적으로 연결되어 한 치의 오차도 없이 존재 실현을 돕고 있다.

　따라서, 삶의 출발점은 자기 자신에 대한 이해 즉, 고유역량에 대한 인식이다. 자기에게 주어진 특기가 뭔지 알게 될 때 비로소 학습도 항해도 가능할 것이다.

　자연이 낳은 존재는 탯줄과도 같은 고유역량으로 자연과 연결되어 있으며 선택의 여지없이 본능적으로 자신의 고유역량을 발휘하는 데에 온 힘을 다하며 살아간다.

그런데 만일 부여받은 특기가 정신 작용에 있다면 어디로 튈지 모르는 생각의 한 끗 차이로 고유역량을 외면하고 평생 엉뚱한 것만 배우고 실천하면서 삶을 허비하게 될 수도 있다. 이는 다름 아닌 인간이 현재 처한 상황이며 교육 현장에서 일상적으로 벌어지고 있는 일이다.

정신적 존재인 인간은 정작 자신의 특기 하나를 인식하는 데에는 어려움을 겪는다. 욕망이 세워 놓은 무수한 이정표 속에서 존재 이유의 이정표를 분간하는 것이 쉽지 않기 때문이다.

인간만이 고유역량을 인식하는 것에도 노력이 필요하다는 것은 그 노력 자체가 갖는 효용이 있다고 보아야 한다. 인간의 작용은 보물처럼 간직된 자신의 고유역량을 찾는 과정부터인 셈이다.

아리스토텔레스는 "좋은 시작이면 절반의 성공이다(well begun is half done)."라고 말했다. 고유역량이라는 좁은 입구를 찾기 위해 노력하는 것이야말로 인간에게는 가장 좋은 시작이며 그것만으로도 인생에서 절반의 성공을 거두었다고 볼 수 있다.

그런데 보물찾기 시작도 못 해 본 현대인들은 자신의 일이 무엇인지 그리고 무엇을 학습할지 모르면서도 세상에서 가상 바쁜 존재가 되었다. 고유역량을 외면한 교육은 역사상 어느 때보다 분주하고 인간의 학습량은 극에 달했다.

인간을 모르는 교육이 성장의 시간을 빼앗고 존재 실현을 막아서는 사이, 인간의 항해는 멈추었다. 남은 시간, 허무의 바다에서 쾌락의 섬을 차지하려는 사투만이 인간이 하는 일의 전부가 되었다. 섬을 더 많이 더 오래도록 차지한다 해서 기뻐할 일이 아니다.

고장 난 기계처럼 본연의 가치를 상실한 존재는 방향을 잃고 표류하는 신세에 불과하며 결국 폐기 처분될 수밖에 없다. 인간이 앞으로도 자신의 고유역량을 잊고 살아간다면 누군가는 인간을 끝낼 방법을 모색하게 될 것이다. 그것이 호모 데우스식의 미래이며, 자신의 역할을 망각한 존재에게 찾아올 필연적 결과이다.

인간, 문제를 찾는 존재

인간은 높은 지능 덕에 더 많은 것을 인지하고 표현하며 만들어 낸다. 그렇다면 인간의 고유역량은 무엇으로 정의할 것인가? 일일이 비교 우위에 있는 모든 것을 열거할 수는 없는 일이며 방향성이 같은 우열의 차이라면 인간만의 것이라고 할 수 없다.

인간의 특기는 이유를 궁금해하는 지적 호기심에서 시작된다. 이것은 인과관계의 흐름을 역행하는 초월적 정신 작용으로 이어지는데, 결과가 아닌 원인으로부터 변화의 맥락을 파악하고자 하는 것이다. 누가 떡을 가져오면 그 떡을 누가 왜 심지어는 어떤 재료로 어떻게 만들었는지까지 궁금한 게 인간이다. 결과를 그냥 수용하지 않고 그것을 있게 한 이전의 인과관계를 모두 파악해야만 직성이 풀린다.

인과관계에 대한 호기심은 대상의 존재 법칙 혹은 변화의 방향성을 이해할 때까지 계속 이어진다. 이 초월적 역량 덕분에 인간은 역사를 인식하고 그것을 바탕으로 문제를 찾아낼 수 있는 이 세계의 유일한 관찰자가 된다. 이것이 인간의 고유역량이다.

제대로만 성장한다면, 인간의 고유역량은 궁극적으로 대상의 존재 실현을 돕는 방향으로 작용한다. 마음속에서 무언가의 이유가 궁금해지는 것은 부질없는 호기심이 아니라 인간 고유 작용의 인트로인 셈이다.

미래를 바꿀 수 있기에 가히 신적인 능력이라고 할 만한 인간의 고유역량은 인과관계의 흐름을 초월하는 사고 체계이므로 그리스어에서 유래된 '초월'을 뜻하는 접두사 '메타(meta)'를 붙여서 '메타역량'이라고 부를 수 있다.

메타역량이 존재 실현을 돕는 방식은 주로 존재 이유와 괴리된 문제들을 찾아내는 것이다. 즉, 인과관계를 기반으로 사물의 법칙을 파악한 뒤, 그 궤도에 따라 마땅히 발현해야 할 모습이나 성질 혹은 작용에서 어긋난 문제들을 찾아낸다.

인간은 문제를 찾음으로써 변화가 필요한 지점을 조명하고 미래의 방향을 결정한다. 문제는 답과 함께 존재하는 것이므로 문제를 찾는 것만으로도 미래에 필요한 대강은 준비된 셈이다. 따라서 관건은 메타역량이 얼마나 더 핵심적인 문제를 찾는가이다.

미래는 누군가가 가져온 문제에 종속되기 때문에 인간은 더 가치 있는 문제를 찾아낼 수 있도록 메타역량을 갈고닦을 책무가 있다. 문제를 찾는 것, 이것이 메타역량의 핵심 작용이다.

사람들은 문제 자체보다는 문제 해결을 중시하는 경향이 있다. 그러나 문제가 정의되었다면 이미 변화의 방향과 수준도 함께 결정된 것이어서 문제 해결 방법보다는 어떤 문제를 찾느냐가 변화의 열쇠를 쥐고 있다고 할 수 있다.

쉬운 예를 들어 보자. 누군가 다리가 고장 난 의자를 찾아서 가져온다. 사람들은 이것을 어떻게 고칠 것인지 고민하기 시작할 것이다. 그러나 어떤 방법으로 고치든 결국 답은 부러진 다리를 고치는 것이다. 문제가 답을 가리키고 있기 때문이다. 그리고 부러진 다리를 고치는 것은 메타역량이 아니라 기술력이다. 메타역량은 그 의자를 문제로 선택하기까지의 과정에 관여한 것이다.

모두가 매달리고 있는 이 문제가 과연 얼마나 시급하고 중요한 것인가는 그 의자를 가져온 사람의 메타역량 수준에 달렸다. 만일 그것이 개인적 욕망이 주도한 잘못된 선택이었다면, 사람들은 의자를 고치느라 훨씬 더 중요한 문제를 놓치게 되는 것이다. 그렇게 방치된 진짜 문제는 미래에 갑자기 어떤 위기로 자신의 모습을 드러낼지 모를 일이다.

문제란 정상 궤도에서 벗어난 오류이므로 문제를 찾을 수 있는 사람은 정상 궤도를 알고 있는 자이다. 메타역량은 존재 이유에서 이어지는 정상 궤도를 파악하는 능력이며 학습을 통해서 성장한다. 그러나 잘못된 학습은 인간에게서 메타역량을 제거하고 질문 대신 정답으로 박제된 두뇌를 만들어 낸다.

고유역량을 외면한 잘못된 학습으로 인해 문제를 찾아내는 능력이 약화하면, 세상에는 가짜 문제와 가짜 이정표가 더욱 난립하고 사람들은 엉뚱한 방향으로 몰려다니게 될 것이다. 병을 치료할 때에도 의사의 진단 결과가 치료 방향을 결정하듯이, 미래 역시 문제를 진단하는 사람에 의해 변화의 방향이 달라진다.

남이 찾은 허접한 문제에 인생을 바칠 것인가, 아니면 진짜 문제를 스스로 찾아 나설 것인가?

소수가 문제를 정해 주는 기존 프레임은 새 중에서 몇 마리만 자유롭게 날고 나머지는 날지 못하게 막는 것처럼 매우 비정상적인 일이다. 한낱 잡초도 자신의 특기를 포기하는 법이 없다. 정상적이라면 자신의 고유역량을 포기하고 살아가는 존재는 없다.

문제를 찾는 존재인 인간은 모두가 문제를 찾는 게 당연하다. 소수만이 문제를 정의하는 것이야말로 모든 불합리의 출발점이다. 올바른 학습으로 메타역량을 키워 자신의 문제를 찾아 나설 때 인간은 비로소 쾌락의 섬을 뒤로하고 가슴 뛰는 인생의 항해를 시작할 수 있다.

메타역량의 위기

메타역량은 인간이 조명하는 대상에 따라서 다양한 분야의 문제를 찾아낸다. 의사가 병을 치료하여 건강을 돕는 것처럼 인간은 대상의 문제를 찾음으로써 그것의 존재 실현을 도울 수 있다. 인간의 의지만 있으면 해낼 수 있는 일이므로 인간의 메타역량은 실재하는 여의주라고 해도 무방할 정도이다. 인간의 작용은 어쩌면 자연이 목적하는 마지막 퍼즐 조각인지도 모른다.

그러나 아쉽게도 자신의 진가를 아는 사람은 드물다. 오직 더 많은 쾌락을 위해서 작아질 대로 작아진 현대인의 위상은 메타역량의 위대함을 무색하게 할 뿐이다.

자연과 단절된 인간은 자신의 작용을 잊고 자신의 욕망을 위해서 살아갈 뿐이다. 그렇게 인간은 고유 역할을 잊은 유일한 존재로서 이 세계에 무임승차 중이다.

인간이 자신의 고유역량을 돌보지 않게 된 것은 학습 환경의 변화가 그 시작이다. 현대 과학의 해체적 특성이 존재 이유의 기초가 되는 인과성마저 부정함으로써 이미 오래전에 인간 고유의 역량이나 작용 같은 건 사실상 폐기되었다.

과학은 가설에 의지하여 살아가며, 작은 실험실 수준의 증명을 확대해석하여 기존의 생각을 부정하는 데에 이용한다. 그조차도 어려운 미지의 영역은 비과학의 범주로 묶어 추방한다. 어쩌면 과학은 제대로 알기 위한 것이 아니라 인간이 안다고 생각하는 것을 합리화하는 도구에 더 가깝다고 할 수 있다.

뭔가를 의심하게 만들기는 언제나 더 쉽고, 거기에 권위가 보태지면 더욱 빠르게 신념이 된다. 과학의 이름으로 인과성이란 기둥 하나만 살짝 흔들면 그 위에 쌓아 올려진 모든 존재 이유는 기다렸다는 듯이 도미노처럼 무너져 내린다.

실상은 아무도 증명할 수 없는 것임에도 스스로 검증할 수 없음을 열등하다고 생각하는 대다수의 사람들은 권위의 주장에 쉽게 동조하게 된다. 그렇게 모든 것은 아무 유기성 없이 우연히 존재하는 것일 뿐 거기에 어떤 의미를 부여하는 것은 인간의 습관적 의식에만 존재하는 어리석은 일이 되어 버렸다.

양자역학으로 대표되는 20세기 지식 세계의 거대한 지각 변동은 이후의 교육에도 영향을 미쳤고, 현재 인간이 주로 배우게 된 인과성이 사라진 단편적인 지식에도 기여한 바가 크다고 할 수 있다. 이것은 마치 한정식에서 합성 영양제로 식사의 메뉴가 갑자기 바뀐 격이다. 정신의 연료가 달라지면 사고의 구동 방식도 달라질 수밖에 없다.

존재 이유가 무너지고 학습에서 인간의 고유역량이 사라지니, 교육은 더 이상 인간을 위해 존재하지 않는다. 대신 인간을 필요로 하는 자들의 차지가 되어 버렸다. 인간의 고유역량을 존중하고 지원할 필요가 없어진 시대에는 인간의 머리에 무엇을 집어넣어 누구의 입맛에 맞게 개조할지가 교육의 최대 관심사이다.

인간의 존재 이유를 외면하는 현실의 교육에는 고유역량을 완성할 설계도가 있을 리 없으며, 인간은 자신의 모든 성장기를 고유역량과 무관한 것을 배우며 허비하게 되었다.

학습의 시간 동안 오히려 인간의 가치를 잃게 되는 반교육이 탄생한 것이다. 그 결과, 인간은 목적지도 없고 배 한 척도 없이 허무로 가득한 바다에서 쾌락의 섬에 고립된 존재가 되었다. 항해를 멈추고 무의미해진 시간을 위한 각종 쾌락의 돌려막기가 시작된 것이다.

고장 난 나침반처럼 방향을 잃은 인간을 붙잡아 두기 위해 이 섬은 온갖 환상과 중독적 쾌락의 수위를 높이고 있으며, 아예 쾌락이 영원히 지속하도록 인간의 생화학적 기제를 바꾸는 대책을 내놓고 있다. 약물이든 전기 자극이든 행복을 위해서라면 쾌감을 지속시키는 게 필수라고 말한다.[2]

감지할 수만 있다면 이런 식의 변화를 원하는 사람은 많지 않을 것이다. 그러나 메타역량이 약화된 사람들은 무엇이 문제인지 파악하는 것조차도 쉽지 않다. 쾌락을 향한 경쟁에 매달릴수록 메타역량이 약화

---

2 『호모 데우스』(미래의 역사), 64~69p, 유발 하라리, 김영사 참조.

하는 악순환에 빠졌기 때문이다.

그러나 이 순간에도 자연은 어김없이 자신의 일을 해내고 있다. 잘못된 신념과 그에 따른 결과로 인간만이 자신의 역할을 잃었을 뿐이다. 아니 더 나아가 인간은 존재 이유라는 사물 각자의 법칙 대신 인간의 욕망을 기준으로 미래를 결정해 버리는 최악의 상황을 초래하고 있다.

기술지상주의가 인간을 호모 데우스로 개조하려는 것도 인간의 존재 이유 대신 누군가의 욕망이 변화의 기준으로 작용한 결과라고 할 수 있다.

어차피 증명도 하지 못할 과학의 논쟁은 중요하지 않다. 다만, 인과성이라는 기본 원리가 무시될 때 어떤 결과로 이어지는지는 좀 더 정확히 알 필요가 있다. 이것이 현실의 교육을 만들고 미래를 디자인하는 기준이 되고 있기 때문이다.

이 시대는 우연한 확률로 존재하는 인간에게 더 이상 존재 이유를 묻지 않으며, 미스터리로 남은 마음의 작용은 기술이 알아서 재활용하길 희망한다. 그 대신 인간은 인권과 평등을 최우선 가치로 추구해 왔지만, 이는 가정, 학교, 사회, 국가의 모든 결속과 경계를 해체하고 개인의 욕망에 부여된 무한의 자유로 변질되었다.

자신이 존재 이유까지 잃어 내고 싶은 욕망의 사유는 쾌락과 허무 중에서 양자택일할 자유에 불과하다. 배 한 척 없이 쾌락의 섬에 고립된 존재에게 허락된 자유란 허무의 바다에 빠질 것인가 아니면 쾌락의 섬에서 무의미한 경쟁을 이어 갈 것인가를 선택하는 것이다.

브레이크 없는 욕망과 우수한 두뇌의 결합은 모든 의미를 거부하고 그 어떤 경계도 용납하지 않으며 심지어는 자연이 부여한 성별의 구분마저 부정하는 촌극을 벌이고 있다. 유일하게 행복만은 해체주의의 망치를 피해 정답의 자리를 지키고 있지만, 이유 모를 행복 타령은 쾌락의 섬을 정당화하기 위한 자기 최면에 불과하며 결국은 허무의 무게만 더할 뿐이다.

인간의 고유역량을 촌철살인으로 잠재워 버린 현대 지성의 화려한 언어는 자신의 가설 하나로 인간이 이토록 쉽게 불나방 같은 처지가 될 줄은 몰랐노라고 훗날 회고할지도 모르겠다. 분명한 건 메타역량의 위기가 이대로 계속된다면 인류는 하는 수 없이 미래학자들의 기괴한 예언까지 감당할 준비를 해야 한다는 것이다.

올바른 지식을 활용한 올바른 학습만이 인간의 고유역량을 키울 수 있다. 따라서 메타역량의 위기를 해결할 방법은 고유역량을 외면하고 그 위기를 키워 온 교육에서 다시 찾아야 한다. 아무리 학습 환경이 변하고 어떠한 가설이 이 시대를 지배하더라도 자연이 부여한 인간의 고유역량과 교육의 역할이 변할 리는 없다.

인간의 학습은 고유역량의 육성이 중심이 되어야 하며 교육은 흔들림 없이 그것을 위해 존재해야 할 것이다. 메타역량이 허락된 인간에게는 교육이 모든 문제의 시작이자 해법이다.

메타역량 vs 메타인지, 사이비의 위험성

인간의 고유역량이 자취를 감추어 인간의 가치를 논하기 어렵게 되었음에도, 인간은 여전히 자신의 가치 실현을 갈망한다. 메타역량이 남긴 이 갈 곳 없는 본능적 열망은 교육 현장의 성적 경쟁으로나마 해결의 실마리를 찾게 된다.

현대 교육은 인간의 진정한 가치 대신 점수를 추구할 것을 요구하고 이에 익숙해지도록 반복하여 훈련시킨다. 학습 결과를 성적이라는 숫자로 표시해 주고 이것을 인간의 가치와 동일시함으로써 모두가 성적 경쟁에 올인하게 만든 것이다. 그리고 사회는 늘 부족한 정원으로 그 경쟁에 정당성을 부여한다. 또한, 사회의 모든 것을 화폐라는 숫자로 레이블링하고 학교에서 잘 길들인 사람들은 사회에 나와도 자연스럽게 그 숫자를 자신의 가치로 받아들인다.

이에 대해 유발 하라리는 학생의 계몽과 교육에 중점을 두던 초기 학교는 산업 시대를 거치며 개개인의 가치를 평가하고 높은 점수를 받는 일에 몰두하기 시작했다고 하면서, '평점' 자체를 학생과 교사의 삶을 그르치고 비뚤게 놓은 발 냉품으로 묘사하기노 하였다.[5]

---

3 『호모 데우스』(미래의 역사), 236p, 유발 하라리, 김영사 참조.

인간의 고유역량도 잊은 시대에 사실상 교육이 무슨 소용인가. 더 이상 날갯짓을 하지 않는 새에게 무엇을 가르칠 것인가. 그럼에도 교육이 어느 때보다 바빴던 것은 바로 점수라는 새로운 상품을 만들어 인간의 가치를 재단하기 시작했기 때문이다.

그런데 그것도 모자라, 성적 좋은 아이들의 특징이라는 '메타인지' 같은 개념이 인간 고유역량의 자리까지 넘보고 있다. 메타인지는 자신의 인지 상태를 관찰하는 능력을 특별히 조명하면서 결국, 숫자 경쟁을 인간 고유역량의 결과로 인식시키고 있다. 귀한 여의주로 장신구나 만드는 일이 아닐 수 없다. 메타역량이 오래 자리를 비운 사이 그 자리를 차지하고 주인 행세하는 사이비가 생기는 것은 어찌 보면 자업자득이다.

메타인지(meta認知, metacognition)라는 말은 어느 발달심리학자에 의해서 처음 사용되었고, 현실에서는 흔히 학업 성취와 관련한 능력으로 이해되고 있다. 그 정의를 살펴보면, 학습과 관련하여 내가 무엇을 알고 모르는지를 아는 능력이라거나, 자신의 실력에 대한 정확한 판단 능력이라고 한다.

이에 대한 모 교수의 해석을 보면, 자신의 점수를 먼저 예측하게 하고 실제 테스트 결과와 비교해 보았을 때 상위 0.1% 학생들이 자신의 점수를 더 정확히 예측했다는 한 실험 결과를 근거로 제시한다. 이처럼 자신의 실력을 정확히 판단하는 능력이 메타인지의 실체이고 성적이 우수한 학생일수록 이 능력도 우수하다는 것이다. 메타인지가 성적 향상을 견인할 수 있음을 주장하고 싶은 것으로 보인다.

그러나 성적 좋은 학생들이 자신의 점수를 더 정확히 예측한 것은 굳이 '메타'라는 말까지 붙여 불러 줘야 할 만한 대단한 능력이 아니다.

예를 들어서, 초밥 달인은 자신이 몇 그램의 밥을 뭉쳤는지 정확히 알아맞힌다. 고등어 간잽이 장인도 손에 쥔 소금양을 계량기 없이 일정하게 조절한다. 무엇이든 관심을 가지고 노력하다 보면 관련한 감각이 발달하게 되어 있다. 누구나 반복하고 시간을 투자한다면 자신의 결과물을 더 정확히 평가할 수 있음은 당연한 결과다.

실험에서 자신의 점수를 정확히 알아맞히게 한 메타인지라는 능력도 부단한 문제 풀이의 결과로 생기는 일종의 스킬이다. 다시 말해, 메타인지가 좋아서 점수 예측을 잘하는 게 아니라 많은 문제를 풀다 보니까 예측 능력도 발달하게 된 것이다. 따라서 메타인지가 좋은 학생이 점수가 좋다거나 공부를 잘할 것처럼 말하는 것은 원인과 결과를 혼동한 인지 오류에 불과하다.

또한, 모든 사람이 초밥을 열심히 만들어야 하는 게 아니듯이 현실 교육에서의 좋은 성적이란 것도 인간이 마땅히 거둬야 하는 성과가 아니다. 성적이 나쁜 학생과 성적이 좋은 학생의 차이는 일반인과 초밥 달인의 차이처럼 무의미한 비교일 수 있다.

오히려 실험에서 성적 좋은 학생들이 한목소리로 말하는 것은 공부의 동기였다. 그들은 원하는 대학과 자신의 꿈을 향한 열망이 남달리 강했고 그것이 그들을 책상 앞에 앉히는 원동력이었다. 좋은 성적은 메타인지의 결과가 아니라 동기의 결과인 것이다. 공부가 싫은 아이라면 메타인지는 답이 될 수 없다. 메타인지의 환상에서 벗어나 공부의 이유부터 찾도록 돕는 게 순서일 것이다.

자신의 인지 상태를 인지하는 메타인지가 인간 고유의 역량인 양 조명되지만, 아는 것을 안다고 하거나 모르는 것을 모른다고 하는 것은 관심과 진실성의 문제이지 고유역량과는 무관하다. '인지 상태를 인지하는 것'은 음식을 먹고 얼마나 배가 부른지, 몸에 얼마나 힘이 생기는지 그 반응을 감지하는 것과 별반 다르지 않기 때문이다.

인간에게 지식은 정신의 양식이므로 지식의 입력 상태인 '인지 상태'를 인지하는 능력은 밥을 먹고 포만감의 정도를 감지하는 것과 유사하다. 밥이냐 지식이냐는 입력된 데이터의 종류만 다를 뿐 결국은 입력 정보이므로 모두 동일한 패턴의 루틴에 의해 결괏값이 관리된다고 볼 수 있다.

이런 생리 작용에 대해 초월을 뜻하는 '메타'를 붙인다면 통증의 정도를 감지하고 추위의 정도를 감지하는 능력도 감지된 정보를 감지하는 것이므로 '메타감지'라고 불러 줘야 하는 상황이 된다.

또한, 자기 자신을 관찰한다는 것이 인간의 전유물도 아니다. 모든 생물은 외부를 탐지하는 것과 마찬가지로 자기 자신의 내부 신호를 감지하고 그에 맞는 행동을 결정한다. 외부의 신호와 내부의 신호는 입력 루트만 다를 뿐 해석된 신호에 따라 대응 알고리즘이 작동하는 원리는 같기 때문이다.

천적이라는 외부 신호를 감지하면 도망가거나 숨는 것처럼, 배가 고프다는 내부 신호를 감지하면 먹이를 찾아 나서는 것이다. 생물은 외부만 관찰하거나 자기 내부 신호만 관찰해서는 생존할 수 없으므로, 외부에 반응하는 것과 동일한 수준으로 자신을 관찰할 수 있어야 한다.

결국, 대상에 대해서 어느 수준까지 관찰할 수 있느냐의 문제이지, 그 관찰 대상이 자신이라는 것에 놀랄 일은 아니란 얘기다. 머리가 좋은 인간은 더 다양한 외부 상황을 심도 있게 판단을 할 수 있으므로 그와 같은 수준에서 자신에 대해서도 그렇게 할 수 있는 것뿐이다.

고양이가 잔뜩 낮은 자세로 한쪽을 주시하면서 쥐가 가까이 오기만을 기다리고 있다. 인간은 더 좋은 점수를 받기 위해서 끈기 있게 오답을 풀고 있다.

이 두 행동은 각자의 욕망이 다른 것이지 무슨 각별한 차이가 있는 것이 아니다. 기껏해야 입력된 신호 언저리에 머물며 욕망의 안내를 받는 인지 수준에 불과하다. 여기다가 특별한 브랜드를 붙이고 초월적인 역량으로 포장한다면 정작 인간의 고유역량인 메타역량의 인식과 작용이 방해받게 된다.

무엇보다 메타인지를 강조하는 사람들은 성적이 우수한 아이들의 학습 습관을 메타인지에 갖다 붙이기만 급급할 뿐, 그로 인해 인간을 평가하는 잣대가 성적이라는 왜곡된 가치로 수렴하는 문제에 대해서는 함구한다.

　특히, 좋은 성적이 인간 고유역량이 발휘된 결과인 양 호도하는 것은 상당히 폭력적인데, 성적이 정말 인간의 척도가 되려면 이 시대 교육과 성적의 가치가 먼저 평가받아야 할 것이다. 메타역량을 억압하고 엉뚱한 것만 가르치는 교육과 거기서 거둔 성적이라는 것이 과연 무슨 의미가 있는지 따져 볼 일이다. 공부의 동기가 환상에 대한 욕망의 정도와 비례하는 것이라면 높은 점수에 무조건 기뻐할 일만은 아니다.

　메타인지라는 개념이 성적과 인간 고유역량의 상관성을 만들려고 한다면, 애초의 의도가 무엇이건 간에 인간의 메타역량을 가리고 혼선을 유발하는 사이비라는 오명을 피할 수 없다. 완전히 다른 것은 사람들이 쉽게 피해 가지만 그럴싸한 비슷한 것에는 빠져들어서 아까운 시간을 허비하게 된다. 이것이 사이비의 위험성이며 공자가 사이비를 특히 경계한 이유이기도 하다.

　그래도 여전히 성적 향상의 비법이 궁금하다면, 그것은 메타인지가 아니라 메타역량에 물어야 한다.

　공부가 싫은 아이에게 자신의 학습을 계획하고 관리하는 방법을 가르치는 것은 학습과 더 멀어지게 하는 지름길이다. 이것은 마치 거식

중 환자에게 식사법을 가르치려는 것과 같다. 거식증 환자가 먹는 법을 몰라서 음식을 거부하는 것이 아니듯, 공부 역시 방법을 몰라서 안 되는 것이 아니다. 메타인지는 시행착오의 결과이지 학습 자체를 이끄는 원동력은 될 수 없다.

학습은 식사와 마찬가지로 스스로 씹고 소화하는 과정이며 마음이 생기지 않으면 시작도 할 수 없는 일이다. 메타역량이 존재 이유를 탐구하는 것은 변화의 원동력을 얻는 과정이므로, 메타역량을 발휘하면 학습자는 공부의 이유를 찾아 학습의 동력을 스스로 만들어 갈 수 있다.

메타역량을 통해서 학습자가 자기 수준에 맞는 공부 이유를 찾을 수 있다면 가장 좋은 시작이다. 그렇게 공부의 동기가 정해지면 시행착오를 견디는 힘도 그에 비례해서 생기므로 저절로 자기 주도가 이루어진다.

이 과정에서 작게라도 성취 경험을 할 수 있다면 노력을 지속할 수 있는 선순환의 고리가 형성될 것이다. 반면, 동기가 강하지 못하면 시행착오 과정을 견디지 못하고 포기할 가능성이 있다. 즉, 메타역량이 얼마나 강한 동기를 찾아내는가가 관건이다.

진정한 변화를 원한다면 말단이 아니라 본질을 바꿔라. 스스로 해내길 원한다면 성급하게 말단의 스킬이나 가르칠 게 아니라, 공부의 이유라는 본질을 도와야 한다. 다양한 방법론을 세울 토대가 없는데 요령을 탐내 봐야 길게 가지 못한다. 인간은 '왜?'라는 질문이 해결되어야 비로소 목표가 정해지고 움직일 마음이 생기는 존재이기 때문이다.

학습의 원리, 메타 사이클

이제 인간이 무엇을 배워야 할지는 명확해졌다. 인간의 학습은 당연히 메타역량의 강화에 정조준되어야 한다. 정확하게는, 무엇을 배우냐의 문제가 아니라 학습 방법에 관련된 것이다.

메타역량은 높은 시야에서 목표를 향한 올바른 궤도를 인식하려는 힘이고, 메타 사이클이라는 사고 체계를 통해 그 판단 기준을 성숙시킨다. 메타 사이클은 어떤 대상의 인과관계를 입력하면 방향성이라는 판단 기준이 출력되는 알고리즘과 같다고 할 수 있다. 메타 사이클은 구동 조건이 충족되면 의지에 따라 언제 어디서든 작동될 수 있는 생각 회로이다.

메타역량은 메타 사이클을 통해서 대상이 변화해 가는 방향성에 대한 데이터를 축적한다. 이는 꿀벌이 꿀을 모으는 것처럼 인간이 평생에 걸쳐 추구해야 하는 가치이다. 내면에 쌓인 방향성 데이터는 현실에서 진짜 문제를 찾는 가치 판단 기준이 된다. 궁극적으로는 지식을 넘어선 지혜로 승화할 것이다. 이것이 충분히 잘 만들어진 사람은 어느 분야에서건 퍼스트 무버(first mover)의 방식으로 세상을 바라보게 된다.

세계를 만들어 가는 다양한 인과관계는 자연이 원인인 것과 인간이 원인인 것, 이렇게 두 종류로 나누어 파악할 필요가 있다. 이 구분에 따라 인간의 학습법도 달라져야 하기 때문이다.

자연이 원인인 인과관계는 생명 현상이나 기타 자연 현상에 해당하며, 인간에게 지식과 통찰을 제공하는 최고의 교사라고 할 수 있다. 단, 자연의 존재는 근본적인 원인이 신의 영역이므로 원인 분석이 불가하다. 완전하므로 가치 판단의 필요성도 없다. 이 경우, 학습은 존재 이유가 투영된 각각의 고유역량을 거울삼아 대상의 특성을 이해하고 그 실현에 장애가 되는 문제에 집중한다.

반면, 인간이 원인이 되는 인과관계란 정치, 경제, 문화, 의료 등 인간 사회에서 생겨나는 사물과 현상에 관한 것이다. 인간이 역사상의 모든 원인을 파악할 수 있으며 거기서 변화의 방향성을 도출하고 불완전한 결과 자체를 수정할 수 있다. 균형을 향해 스스로 변화하는 자연 현상과는 달리, 인간이 만든 세계에서는 인간이 문제를 찾아내야 비로소 개선의 기회가 주어진다.

우리가 배우는 대부분의 지식이 이에 속하며 불완전성을 특징으로 한다. 따라서 학습은 인과관계가 지향하는 방향성을 파악하고 그것을 기준으로 결과를 비판하는 것이어야 한다. 인간의 활동 결과 축적되는 다양한 분야의 지식에 대해서는 답습 대신 비판이 올바른 학습의 방법이다.

인간이 하는 일은 시행착오 끝에 유종의 미를 거두는 것이다. 과정이 어떻든 산 정상으로 이어질 수 있다면 지나온 모든 길은 산행 코스가 된다. 그러나 끝에 막다른 길로 향한다면 이전의 모든 궤적은 다 퇴색하고 만다. 최종 의미와 가치를 결정하는 구원의 마지막 한 수, 마지막 퍼즐만이 할 수 있는 일이다.

인간의 학습은 원인 분석을 통한 방향성 탐구이며 고유역량인 메타역량 강화에 초점을 맞추게 된다. 이는 지식을 그대로 답습하는 기존 학습과는 구분되어야 하므로, 이하에서는 '메타 학습'이라고 지칭한다.

메타 학습은 그림 2와 같이 메타 사이클이라는 사고 과정을 기반으로 문제를 찾는 데에 집중하는 것이다. 기존 학습은 메타 학습을 위해 필요한 기초 지식을 제공해야 하므로 메타 학습과 병행될 수 있다.

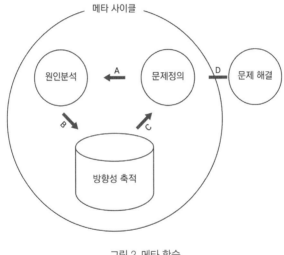

그림 2. 메타 학습

메타 학습은 메타 사이클과 문제 해결 단계로 구성되며, 메타 사이클은 탐구 대상을 정하는 '문제 정의 단계', 문제 원인을 탐구하는 '원인 분석 단계' 그리고 인과관계 분석에 따른 '방향성 정립 단계'를 포함한다.

특히, 루트 A, B, C의 메타 사이클이 순환하면서 대상의 방향성이라는 데이터를 축적하고, 이 데이터를 기준으로 더 나은 문제를 정의하는 과정이 메타 학습의 요체이다. 즉, 메타 사이클을 통해 판단 기준을 축적하고 성숙시킴으로써 문제를 찾는 능력을 키우는 것이다.

메타 사이클은 원인 분석의 깊이에 따라 반복되며, 더 이상 추가적인 문제 정의가 필요 없게 되면 종료한다. 이후에는 정립된 방향성을 기준으로 문제를 해결한다. 이때 문제 정의와 문제 해결은 동전의 양면과도 같아서 문제는 이미 해답을 가리키며 추가적인 원인 분석을 요하지 않는 상태이다. 따라서 문제 해결 과정은 메타 사이클의 순환에서는 벗어난다.

메타 학습 과정에서 특별히 강조할 것은 글쓰기이다. 메타 사이클은 인간 특유의 사고 체계로서 인간답게 생각하는 방법을 안내한다. 그러나 문제 정의에서 문제 해결에 이르는 메타 학습의 전 과정을 생각만으로 수행하게 되면 많은 오류가 발생하고 내면에 축적되지 않는다. 그러므로 메타 학습은 반드시 글쓰기와 동행해야 한다.

인간의 언어능력은 메타역량이라는 고유역량을 돕는 것이다. 특히, 문자의 활용은 메타역량을 위한 필수 요소로서, 사물과 현상을 메타역량의 연료인 지식으로 변환하고 결과물을 축적한다.

구체적으로는, 글 얼개를 기준으로 생각하고, 글쓰기를 통해서 생각을 검증하고 수정하는 작업이 메타 학습 과정 내내 병행되어야 한다. 메타 학습의 글쓰기는 메타 사이클의 과정과 흐름이 일치하고 동시에 진행된다. 이는 학습을 마치 바다에 나가 낚시를 하는 것처럼 생동감 있고 흥미로운 것으로 만들어 줄 것이다.

이제 메타 학습 과정을 단계별로 자세히 살펴보자.

메타 사이클은 탐구 대상을 선택하는 '문제 정의' 단계에서 시작하게 된다. 문제 상황이나 관심이 가는 대상이 정해지면, 대상을 탐구하기 위해서는 루트 A를 따라 원인 분석 단계로 분기한다.

만일 여기서 루트 A를 선택하지 않고 즉각적이고 대중적인 해결을 시도하여 루트 D로 향한다면 메타 사이클에서 이탈하고 메타역량은 억제된다. 문제를 내고 정답을 강요하는 기존 교육이나 문제 해결을 강조하는 교육이 바로 여기에 해당한다. 원인 분석이 필요 없거나 대중적 해결에 그치기 때문에 루트 D에 머물며 메타 사이클과는 멀어지게 되는 것이다.

일반적으로, 표면적 원인을 원인이라고 결론 내리면 대중적 해결에 그치고 메타 사이클로 진입하지 못한다. 이 경우 원인 분석을 했다고 착각할 수 있지만 메타역량을 강화하는 데에는 실패하게 된다. 예를 들어서, 상처가 나서 통증이 생겼을 때, 그 상처를 통증의 원인으로 규정하게 되면 상처를 처치하는 것만이 해결책이 되는 것이다. 왜 상처가 났는지 그 이전의 원인을 분석하지 않기 때문에 메타 사이클로 진입할 수 없다. 상처의 이유는 그렇게 미지의 영역에 남아 가치를 상실하게 된다.

원인을 분석하는 것은 대상의 존재 이유를 찾아가는 작업이라고 할 수 있다. 존재 이유를 파악해야만 변화의 좌표를 얻을 수 있다.

루트 B는 인과관계가 지향하는 방향성을 도출하는 과정이다. 인과관계 뒤에서 그러한 인과성을 만들어 내는 맥락을 읽어 내고 변화의 방향성을 정의하는 것이며, 메타 사이클의 핵심이다.

인과관계는 특정 방향을 향하여 변화하는 성질을 가지나, 그 방향성은 하나의 인과관계만으로는 단정하기 어렵다. 메타 사이클을 순환하면서 인과관계를 직계 및 방계로 확대할 때 더 정확한 방향성을 포착할 수 있음은 두말할 나위가 없다.

> "한 가지를 궁구하면 곧 바로 관통할 수 있다거나, 천하 사물의 리를 모조리 궁구해야 비로소 관통할 수 있다는 말이 아니고, 다만 많은 학습이 쌓인 연후에 비로소 활연히 관통처가 생긴다." -『격물보전』, 주희 -

적어도 원인에서 원인으로 거슬러 올라가며 보다 근본적인 원인을 찾아가면 정확성을 높일 수 있다. 말하자면, 하나의 인과관계에서는 직선으로 보였던 방향성이 원인을 파고들면 곡선의 모습이 되고 여기서 이어질 방향은 질서에서와는 전혀 다른 곳을 가리키게 되는 것이다.

방향성을 도출한다는 것은 대상의 본래 궤도가 무엇인지 파악하는 것이며, 현재 궤적의 타당성을 점검하기 위한 판단 기준을 획득하는 일이다. 단, 원인 분석의 깊이와 각자의 메타역량 수준에 따라 다양한 해석을 얻을 수 있다. 이것이 인간의 주관성이자 창의성이며, 메타 학습에서 개별적 역량이 더욱 힘을 발휘하는 대목이다.

이 지점에서 같은 문제를 탐구하는 다른 학습자와의 토론이 병행된다면 매우 효과적일 것이다. 일반적으로 독후 토론을 유도하지만, 생각의 성숙 단계에서 최적의 타이밍을 노리지 않으면 토론이 주는 효과를 거두기 힘들다. 메타 학습에서의 토론은 이때 가장 필요한 것이다.

메타 사이클은 방향성이라는 판단 기준이 나의 내면에 축적되는 과정이라고 할 수 있다. 따라서 메타 사이클을 반복하게 되면 대상이 나아가야 할 방향이 점점 명확해지고, 대상이 지향하는 궤도에서 잘못된 부분을 쉽게 포착할 수 있게 된다. 남이 보지 못하는 진짜 문제를 찾아내는 능력이 자라나는 것이다.

루트 C는 정립된 방향성을 기준으로 새로운 문제를 정의하는 과정이다. 방향이 무엇에 의해 변경되고 그로 인해 어떤 문제가 발생했는지를 점검하는 것이다. 만일 새로운 문제가 정의되는 경우에는 루트 C에서 다시 루트 A로 메타 사이클이 순환하고, 그렇지 않으면 문제 해결을 위해 루트 C에서 루트 D로 분기한다.

문제의 제거가 곧 문제 해결이기 때문에 문제가 정의되면 이미 반 이상은 해결된 셈이다. 이제 구체적인 실현 방안만 확정하면 된다. 예를 들어, 물이 새는 곳을 찾아냈다면 문제 해결은 그것을 어떻게 막을 것인가의 문제로 좁혀진다.

일반적으로는 문제 해결을 더 어렵게 생각하지만, 문제의 발견이야말로 변화가 시작되는 찾기 힘든 입구이다. 정말 귀하고 어려운 것은 문제 정의라고 할 수 있다.

실제 메타 학습 과정의 간단한 예를 들어 보자.

자전거 기어를 변경할 때 체인이 자주 빠지는 불편함이 있어서 자전거의 체인을 탐구 대상으로 선택하였다.

만일 체인이 이탈하는 현상 자체를 원인으로 본다면, 체인 이탈을 막아 주는 리테이너(retainer)를 체인 옆에 장착하는 등의 대증적 해법을 찾게 될 것이다.

이처럼 증상을 원인으로 보게 되면 즉각적인 해결을 시도하고 체인 이탈의 근본 원인을 분석하는 메타 사이클로는 진입하지 못한다. 열심히 문제 해결 활동을 수행했음에도 메타역량이 억제되는 역효과가 발생하는 이유이다.

자전거 체인이 빠지는 원인을 분석하기 위해 루트 A로 이동한다면 비로소 메타역량이 작동한다.

원인을 분석해 보니, 기어 변경 타이밍이 잘 맞지 않으면 변속 시에 체인을 옮겨 주는 디레일러(Derailer)의 움직임에 장애가 생겨 체인이

제자리를 이탈한다는 것을 알게 되었다고 하자. 기어를 변경하는 적절한 타이밍이 중요하다는 결론에 이르게 되면, 올바른 기어 변경 방법을 배움으로써 문제를 해결할 수 있다. 이것이 1차 원인 분석에 따른 결과이다.

그러나 이것으로 체인 이탈은 줄일 수 있겠지만, 탐구 대상을 개선할 수 있는 방향성 축적에는 도달하지 못한다. 즉, 1차 원인 분석에 그치게 되면, 루트 B에서 자전거의 변화 방향을 도출하는 것은 사실상 불가능하다. 깊이 있는 원인 분석을 위해 메타 사이클의 순환이 필요한 이유이다.

루트 C에서 자전거 체인의 이탈이라는 문제를 넘어 '자전거의 기어 변경과 체인이 꼭 필요한가?'라는 문제를 새롭게 정의한다면, 다시 루트 A로 분기하여 새로운 인과관계를 탐구할 수 있다.

체인의 역할은 페달링과 휠의 회전을 연동하게 하여 신체의 힘만으로 바퀴를 굴리는 재미를 주는 것이다. 그런데 페달링만으로는 경사진 곳을 오르는 게 너무 힘들기 때문에 체인과 연동되는 기어를 부착하게 된 것이다. 이것이 기어와 체인의 존재 이유이며, 여기서 포착할 것은 자전거가 어떠한 방향으로 변화되고 있는가이다.

매연 발생 없이 인체의 힘만으로 바퀴를 회전시킬 수 있는 자전거는 자연 친화적이며 재미와 운동 효과까지 탁월하다. 다만, 여기에 기어 변속 기능을 추가하였다는 것은 기존의 장점을 유지하면서도 소요

되는 힘을 줄여 주는 방향으로 변화하고 있음을 의미한다. 이처럼 루트 B에서 체인이나 기어가 도입된 이유를 분석함으로써 변화의 방향성을 도출할 수 있다.

변화의 방향성을 정립하고 나서 다시 자전거를 바라보면, 루트 C에서 또다시 새로운 문제가 정의될 수 있다.

체인이 아니라 체인의 존재 이유를 보게 되었기 때문에 굳이 체인이 아니더라도 페달링으로 바퀴의 회전을 컨트롤할 수 있는 다른 방법은 없는지 질문할 수 있게 된다.

이렇게 계속 메타 사이클을 순환시키다 보면 무체인 방식 혹은 전기 모터를 장착한 자전거가 탄생하기도 하는 것이다. 메타역량이 잠자고 있다면 급한 대로 체인 리테이너를 달고 끝났을 일이 메타 사이클을 통해서 자전거의 발전 방향을 바꾸는 계기가 마련될 수 있다.

메타 사이클은 원인을 파악하고 새로운 문제를 정의하는 과정의 순환을 통해서 메타역량을 훈련시킨다. 그러나 어느 루트에서건 단절이 발생하면 순환을 방해하고 메타 학습은 실패하게 된다.

예를 들어서, 문제를 내고 정답을 맞혀야 하는 현실의 교육은 문제 정의 단계를 끊어 내고 미리 준비한 문제를 이식한 뒤에 루트 D만 남겨 둔 것과 같다. 이는 메타 사이클 자체를 붕괴시킨 것이다. 그렇지 않고 문제를 스스로 정의한다 해도 원인 분석이 아닌 대중적 해결을 시도한다면 결국, 중심축은 루트 D에 머물고 메타 사이클은 작용하지 않는다. 주로 원인 분석보다는 주어진 툴을 이용한 문제 해결에 집중할 때 이런 현상이 발생한다. 정답이 정해져 있는 셈이니 원인 분석이 필요 없는 것이다.

그러나 루트 A로 진입했다고 해도 인과관계를 잘못 파악하거나 루트 B에서 인과관계로부터 방향성을 도출하지 못할 수도 있다. 방향성을 파악했다고 해도 거기서 새로운 문제를 도출하지 않고 메타 사이클이 금세 끝나 버리면 대상의 방향성을 제대로 파악하지 못할 가능성이 크다.

메타 사이클의 여정에는 곳곳에 함정이 있다. 메타 사이클이 단절되는 현상은 다양한 양상으로 발생할 수 있는 만큼 메타 학습 과정에서 학습자가 무사히 메타 사이클 순환을 완주할 수 있도록 돕는 교사의 역할이 중요하다.

메타 사이클은 메타역량의 사고 과정을 구체화한 것이기 때문에 메타역량을 발휘하는 과정과 메타역량을 강화하는 학습은 동시에 이루어지게 된다.

메타 사이클을 실제 상황에 적용하면 무엇을 문제로 새롭게 정의하냐에 따라서 사회에 다양한 변화를 촉발할 수 있다. 또한, 메타 사이클을 학습 과정에 이용하는 경우에는 기존 해법을 탐구 대상으로 하여 그것의 변화 과정을 메타 사이클을 기반으로 복기함으로써 메타역량을 훈련하고 강화할 수 있다.

메타역량을 발휘하라

사회에서 어떤 성공을 거두었더라도 평생을 추구했던 가치를 포기해야 하는 순간은 누구에게나 찾아온다. 인생이 무상하다는 한탄도 이 유한성 때문이다. 그래서 사회적 성공보다 일찌감치 경제적 자유를 추구하기도 하지만, 그 역시 환상의 함정에 불과하다.

결과는 원인의 속성대로 작용한다. 욕망이 원인이 되면 그 결과는 욕망의 중독적 속성을 벗어날 수 없다. 행복을 추구하지만, 그것이 욕망의 주문이라면 만족은커녕 갈수록 불안과 허무로 점령된다. 나이가 들어 더 지혜롭고 더 평온해야 할 특별한 마음 상태는 온데간데없이 청년보다 더 어리석은 노년을 보내야 할지도 모른다.

그렇게 평생을 달려온 길이 환상을 쫓은 막다른 길임을 깨달았을 땐 죽음을 앞두게 된다. 항해 한 번 해 보지 못한 채 평생을 쾌락의 섬에 갇혀 결국은 허무의 바다에서 생을 마감하는 것이다.

움켜쥔 욕망을 잠시 내려놓고 쾌락의 섬을 내려오면 이내 허무의 물결이 밀려오지만, 그 허무는 우리가 다시 항해의 길을 떠나길 재촉하는 바다의 채찍질이다. 허무에 굴하여 다시 쾌락의 섬을 찾을 것인가. 아니면 허무의 바다를 건널 것인가.

고유역량은 그 항해를 돕는 배이며, 자연의 존재는 고유역량을 발휘할 때 진정한 행복을 경험한다. 인간에게는 메타역량이 그것이다.

정신적 존재인 인간은 생각을 어떻게 제어할 것인가가 평생의 화두이기도 한데, 메타역량은 인간답게 생각하는 법을 안내한다. 생각이 메타 사이클의 순환 궤도에만 오르면 인과관계를 거슬러 문제를 찾아가는 설레는 여정이 시작되고 허무가 자리할 틈은 없다.

모든 사람의 메타역량이 무사히 성장하여 작동한다면 그것이 바로 어디에도 없는 진정한 유토피아이다. 각자의 메타역량은 '우리'라는 이름으로 만드는 어떤 변화보다 낫고 어떤 법이나 제도보다 효과적이다. 메타역량은 정신의 자연 면역과도 같다.

개개인이 욕망과 메타역량의 균형에 관심을 기울인다면 매사에 잘못된 선택을 줄이고 많은 문제를 스스로 예방할 수 있다. 따라서 사회는 최소의 비용으로 가장 이상적인 상태를 유지할 수 있게 된다.

반면 메타역량이 약해지면 방향성을 잃기 때문에 사람들은 쉽게 무기력해지고 유혹에 빠지기 쉽다. 끊임없이 욕망을 자극해야만 활력을 유지할 수 있다. 필요한 인력을 양성하기 위해서는 지식을 일일이 떠먹여 줘야 하고, 위기를 예방하지 못하여 닥치고 나서야 수습할 누군가를 찾게 된다. 많은 범죄에 노출되고 주체적이지 못한 개인의 삶을 관리하고 대신 책임질 많은 조직과 기구가 필요하다.

그로 인해 큰 정부를 위한 사회적 비용이 증가하고 인간은 이 돈을 지불하기 위해 평생을 원하지 않는 일을 하며 보내야 한다. 메타역량의 약화에서 모든 불행이 시작되는 것이다.

큰 정부냐 작은 정부냐의 선택은 정치 철학이 아닌 국민의 메타역량 수준에 달린 것이며 앞으로도 반교육이 계속하여 메타역량을 억압한다면 더욱 큰 정부가 요구될 것이다. 욕망을 제어하지 못하는 인간을 위해 등장하는 사회적 통제는 개인의 자유를 더욱 제한할 것이다. 각자 메타역량 하나만 사수하면 없을 일들이 잘못된 학습으로 인해 마치 숙명처럼 주어진다.

메타역량은 어떻게 학습하느냐에 따라 얼마든지 강화되기도 하고 약화되기도 한다. 그래서 미래의 방향을 결정할 수 있는 인간의 미래는 학습이 결정한다고 해도 과언이 아니다. 우리는 학교에서 배운 것이 쓸모없다고 평가하면서도 그것이 현재의 가치관 형성에 미친 악영향에 대해서는 너무 무관심하거나 너그럽다.

청년들의 내면 깊숙이 자리하는 허무와 무력감은 성장기 내내 고유역량을 억압했던 잘못된 교육에서 비롯되었다고 할 수 있다. 먹은 음식이 육체를 만들 듯 인간은 학습을 통해서 정신을 완성해 간다는 사실을 좀 더 무겁게 받아들여야 한다.

메타역량을 방해하는 요인은 많지만, 메타역량이 무엇이고 왜 중요한지 그리고 어떻게 작동시킬 수 있는지를 안다면, 어떤 악조건 속에서도 나만의 학습을 시작할 수 있다. 거미줄처럼 얽힌 인과관계 위에서 메타역량을 발휘하는 것은 사실 기적과도 같은 일이지만 인간에게는 그저 작은 생각의 변화만으로도 지금 당장 해낼 수 있는 일이다. 메타 사이클의 입구를 막아선 장애물을 치우고 메타역량을 발휘하라.

역사 이야기로 시작하는 진짜 공부

지식은 사실의 인과관계가 연결되고 축적된 변천사라고 할 수 있다. 이야기를 싫어하는 아이가 없듯이 지식이 원래의 모습대로 학습에 활용된다면 공부를 싫어할 학생은 없을 것이다.

메타 학습은 인간의 타고난 사고 체계를 그대로 구현한 학습법이기 때문에 지식을 활용하는 데에도 인간이 원하는 형태 그대로의 지식이 필요하다.

메타역량이 뛰어놀 마당은 기존 교육이 제공하는 맥락 없는 단편적 지식이 아니라 인류 역사에 남은 모든 이야기이다. 메타 학습자는 마치 도서관에서 필요한 책을 찾듯이, 과거의 지적 자원에서 필요한 맥락을 찾아 방향성 도출에 참고할 수 있어야 한다.

지식은 현상이나 사물이 갖는 일정 범위의 유기적 정보 집합을 언어라는 상징체계를 매개로 인식한 것이다. 따라서 사물이나 현상의 인과관계와 마찬가지로 일정한 방향성을 가지고 변화한다.

오늘 하나의 대상에 대해 정리된 생각은 기존 인과관계를 바탕으로 한 비판과 수정을 통해서 지식이 될 수 있고 이는 지속적인 검증 과정을 거치며 성숙해 간다. 오늘의 생각은 마치 오늘 떨어진 낙엽처럼 쓰레기 취급을 받기도 하고 별로 쓸모가 없을 수 있다. 그러나 낙엽이 오랜 시간 동안 썩고 분해되어 귀한 부엽토가 되는 것처럼 생각 또한 기존 지식과의 관계에서 충분한 검증과 변화의 시간을 보낸다면 미래에는 매우 귀한 지적 자원이 될 것이다.

따라서 오늘의 학습은 충분히 숙성된 과거의 지식을 활용해야 하며, 오늘의 생각은 지식의 변화를 이끌어 미래 지식을 만드는 재료가 되는 것이다. 과거의 지적 자원을 외면하고 현재의 생각이나 경험만으로 배우려는 자세는 방향성 없는 얕은 지식을 만들고 메타역량을 약화시키는 원인이 된다.

메타 학습에서의 원인 분석은 과거 지적 자원인 역사에 대한 탐구라고 할 수 있다. 비록 메타역량을 정확히 인식하지 못했더라도 역사를 재해석하고 역사에서 미래를 배우고자 하였다면 이미 충분한 메타 학습을 해 왔다고 볼 수 있다.

역사를 알아야 세상의 변화를 주도하는 리더의 자격이 있다고 여겨지는 것도 사람들은 이미 역사 이야기 속에 변화의 방향성이 존재함을 알기 때문일 것이다. 메타 학습은 역사로부터 현재의 방향성을 찾는 과정이라고 할 수 있으며, 기존의 어떤 역사 공부보다도 더 역사적이다.

이 시대가 메타 학습에 유리한 것이 있다면 방대한 지식을 빠르고 정확하게 검색하여 유기화할 수 있는 기술이 있다는 점이다. 인간은 인공지능과 빅데이터 기술 덕분에 어느 때보다 쉽게 다양한 지식을 검색하여 자신에게 필요한 역사 이야기를 구성할 수 있게 되었다.

이제는 단편적인 지식에서 벗어나 역사 속 이야기로 진짜 공부를 시작할 때이다.

공부(工夫)는 성취할 공(功), 도울 부(扶)인 공부(功扶)에서 음만 따 단순화한 것으로서, 원래의 의미는 '도와서 성취한다.'이다. 존재 실현을 돕는 메타역량이야말로 공부의 정의에 부합하는 셈이다. 반교육이 횡행하는 시대에 진짜 공부란 메타역량을 발휘하는 것이라고 할 수 있다.

교육이 아니라 학습이다

교육은 정신의 밥상을 차리는 것이다. 학교 급식에서 같은 식단을 제공하는 것처럼, 교육은 다수의 학습자에게 일률적 콘텐츠를 제공하는 방식에서 크게 벗어나기 어렵다. 각자가 원하는 학습 콘텐츠를 구성할 수 있는 학습 환경이 조성되어 있지 않기 때문이다.

획일적 콘텐츠는 일반적으로 인과적 맥락이 생략된 단편적인 지식과 특별한 사상들을 담고 있다. 흥미를 유발하지 못하는 콘텐츠는 학습을 에빙하우스의 망각곡선 실험장으로 전락시키고 인내와 순응만이 학습자의 덕목으로 요구된다. 교육이 맘대로 차려 내는 밥상 덕분에 즐거워야 할 정신의 식사 시간은 고문이 되기 십상이다.

메타 학습은 자신만의 관심사를 바탕으로 진행하는 개별 학습이다. 단체로 똑같은 것을 보고 듣고 배우는 기존 방식과는 다르다. 또한, 메타역량은 온전히 생각에 집중할 때 발휘된다. 어쩌면 현대식 집단 교육 자체가 메타역량에는 최악의 환경일 것이다.

인간의 학습을 위한 고민은 교육 현장에서 찾아볼 수 없다. 획일적 지식을 전수하기 바쁜 교육은 인간의 메타역량을 억압하고 인간의 가치관 성숙을 방해해 왔다.

중세 시대 면죄부를 팔던 종교처럼 대학 간판이라는 베스트셀러를 앞세운 교육의 일탈은 사회 전반에 심각한 후유증을 남기고 있다. 욕망만이 삶의 기준이 되었으며, 인간의 역할을 잊은 사람들은 점수와 돈이라는 숫자를 향한 경쟁에 매몰되었다.

뛰어넘어야 할 것을 추앙하게 하고 발휘해야 할 것은 억눌러 모든 가치가 전도되었으며, 인간은 이유도 작용도 잊은 채 불나방처럼 쾌락을 향해 돌진하고 있을 뿐이다. 이처럼 메타역량을 외면한 반교육의 결과는 사회의 모든 것에 스며들어 모든 불행의 원인이 되고 있다.

이제 학습자를 대상화하는 획일적 교육은 가고 학습자의 고유역량이 주도하는 개별 학습이 와야 한다. 선택과목 몇 개 늘리는 맞춤형 교육으로는 부족하다. 교육이 주는 수동성에서 벗어나 메타역량을 위한 자발적 학습이 중심에 설 수 있도록 교육 현장이 변모할 필요가 있다.

고유역량을 잃은 존재에게 미래는 없다. 교육과정이 아무리 많은 목표를 설정하고 다양한 과목을 가르친다고 해도 정작 고유역량을 방치한다면 인간의 가치는 회복되기 어렵다. 세상에서 인간의 작용이 사라지면 인류는 스스로 지속 가능성을 포기하는 셈이다.

자연과 단절되어 벼랑 끝으로 폭주하는 인간을 구제하는 방법은 하나다. 인간의 고유역량인 메타역량을 인식하고 훈련하는 것을 학습의 목표로 삼으면 된다. 이제 교육은 뒤로 물러나 이 과정을 지원하는 것에 만족해야 한다. 필수적인 기초 지식은 적정화하되, 학습자가 필요로 하는 스토리텔링은 충분히 제공하는 것이다.

학교와 교사가 이끄는 교육의 시대는 지났다. 진정한 교육개혁은 교육 자체가 최소화되는 것이다. 교육은 인간의 설계도를 존중하고 진정한 성장을 응원하는 자리로 되돌아가야 한다. 당연한 것이 당연해져야 한다.

더는 지체할 시간이 없다. 학습자 개개인의 입맛에 맞는 밥상으로 고유역량을 키워 낼 인간의 학습이 다시 시작되어야 한다.

2
우리 교육의 현주소 및 대안

메타역량을 무시한 추앙 교육

빈틈없이 빼곡한 우리의 교과서를 한 번이라도 유심히 본 적 있는가? 고학년으로 갈수록 교과서는 현상이나 사물 자체를 설명하느라 지면이 부족할 지경이다. 교육 내용은 맥락을 삭제한 단편적 지식으로 채워져 있으며, 메타역량이 필요로 하는 친절한 이야기는 찾아보기 힘들다.

우리의 교육은 무엇이든 인과적 맥락을 삭제하고 단편적인 점 지식을 정답이라고 가르친다. 지식의 맥락을 알려주는 게 아니라 지식 자체를 각인시키려고 한다.

모든 지식은 변화의 맥락 속에 존재하는 시행착오이며 목표를 가리키는 지시자에 불과하다. 그런데 결과를 정답화하고 지식의 역사적 맥락을 가르치지 않는다면 이정표를 목표라고 속이는 것과 같다. 이는 지식에 불필요한 권위를 부여하고 추앙하는 일이며, 변화의 맥을 끊고 현 질서가 전부인 세상을 만드는 것이다.

만일 교과서의 내용이 정답이라면 더 이상 문제를 찾고 변화를 추구할 필요도 없는 것이므로 자연스럽게 메타역량이 설 자리는 사라진다.

지식을 박제하여 숭상하는 교육은 메타역량을 고사시킨다. 메타역량은 지식을 소화해야 성장하며, 이를 위해서는 지식을 뛰어넘고 가지고 놀 수 있는 학습이 필요하다.

학습에선 장대높이뛰기를 하듯 지식을 대해야 하지만, 장대가 닿을 수 없는 높은 곳에 정답처럼 걸려 있는 지식은 가로대가 아니라 추앙의 대상이 된다.

뛰어넘을 장대는 무시하고 가로대 걸기에만 바쁜 교육은 지식을 진리로 만들고 인간을 노예화한다. 뛰어넘지도 못할 지식 앞에서 학습자가 할 수 있는 일은 그저 우러러보고 떠받드는 일밖에는 없다. 메타역량은 지식 자체를 금과옥조로 여기는 우리의 교육 현장에서 처참하게 말살당하고 있다.

인간이 지식을 학습하는 것은 새가 날갯짓을 연습하는 것처럼 타고난 본능이다. 그래서 고유역량에 정조준된 학습이라면 재미없거나 지루할 수 없다. 매일 밥을 먹어도 또 먹고 싶은 것처럼 매일 배워도 더 배우고 싶은 것이 진정한 학습이며, 이것을 가능하게 하는 힘이 바로 메타역량이다.

만일 교실에 학생이 앉아 있는 게 아니라 메타역량이 앉아 있다고 생각해 보자. 지적 호기심으로 가득한 메타역량 앞에 단편적 지식이나 던져 주면서 이것이 정답이라는 말을 과연 아무렇지 않게 할 수 있을 것인가.

인간에게 부여된 존재 이유와 고유역량을 의식한다면 도저히 할 수 없는 수업이 우리의 학교에선 일상이다.

형편없는 콘텐츠라도 경쟁만 붙이면 품질 따위는 문제 될 게 없다. 경쟁을 위한 경쟁, 이것이 현재 입시 경쟁이 유지되는 이유기도 하다. 인간의 욕망 위에 기생하는 반교육은 누가 먼저랄 것 없이 모든 이해 당사자가 악순환의 고리를 굴리는 톱니이다. 우리 교육의 위기는 일반적으로 추측하는 것보다 훨씬 공고하고 해결이 어렵다.

이제는 너무나 익숙해져 무엇이 문제인지도 파악할 수 없는 우리의 교과서는 모든 교육 문제의 출발점이다. 잘못된 교육 내용이야말로 숨길 수 없는 교육의 민낯이다. 지식을 정답화하고 메타역량을 무시하는 추앙 교육은 결코 당연한 것이 아니다.

세계화와 세계 시민 교육

우리 교육에는 세계화 이슈가 늘 결론에 자리한다. 작은 물길이 강을 지나 바다로 향하는 것처럼 개인과 사회가 세계화를 지향하는 것이 마치 자연 현상처럼 느껴질 정도다.

미디어를 통해 듣는 세계화 말고도 교육 현장에서도 이처럼 세계화를 외치고 있다면 자라나는 학생들에게 세계화란 인간의 생로병사만큼이나 불가피한 미래로 인식될 것이다. 어린 나이부터 정답이라고 들어온 세계화에 의문을 품는 것은 불가능할 것이다. 자신의 판단 기준으로 더 나은 미래를 모색할 수 있는 인간은 이런 정답 교육을 통해서 모두 제거될 것이다.

세계화는 자연 현상이 아닌 사회 현상이다. 제2차 세계 대전 직후에 창립된 유엔이 상징하는 글로벌 프로젝트이다. 사회 현상이란 인간의 노력 없이는 이루어질 수 없는 일이다. 반드시 주도하는 세력이 있고 그들에게 힘이 실려야 하며 이면에는 누군가의 희생이 따를 수밖에 없다.

엄밀히 말하면 세계화는 한 국가가 전 세계를 제패하던 과거의 사건들과 별반 다르지 않다. 실제로 세계화의 폭력성과 획일성을 간파하고 이에 반대하는 목소리도 만만치 않다. 물론 지금의 세계화는 과거처럼 제국주의가 아닌 국제기구나 글로벌 사회 경제 시스템을 통한 국제적 합의와 분야별 제도 통합이라는 비즈니스적 양상으로 추진된다. 인물 대신 어젠다가 전면에 나서는 것이 시대적 특징이기 때문이다. 그러나 인위적 흐름이란 주도하는 세력이 존재할 수밖에 없으며, 세계화의 과정에서 그들의 이익이 중심에 서는 것도 피할 수 없다.

우리 헌법은 제정 당시부터 이미 국제 조약이나 국제 법규에 국내법과 동일한 효력을 인정하고 있으며 1963년 박정희 정권 들어서는 국회 비준 없이도 대통령이 국제 조약에 국내 법적 지위를 부여할 수 있도록 전면 개정되었다. 대통령 한 사람의 결정에 의해 세계화의 룰이 국민을 직접 지배할 수 있는 구조로 각국의 법제는 오래전부터 꾸준히 정비되어 왔다.

우리가 기억하는 세계화의 대표적 사례로는 기존 GATT 체제를 대신하여 WTO가 설립되던 과정이다. 우루과이 라운드로 불리던 긴 국제적 협상 끝에 1995년 보호무역주의 철폐를 위한 세계무역기구가 설립되었다. 우리 기업의 방만한 경영을 부추긴 세계화 물살로 1997년 국가 부도가 선포되고 IMF 사태를 벗어나는 과정에서 우리 경제는 완전히 세계화되었다.

또한, 최근 코로나 19 팬데믹은 WHO가 비상사태를 선포하고 각국 정부가 일사불란하게 그 지휘를 따르는 모습을 연출하였다. 정부 위의 정부인 국제기구의 진면모를 전 세계인이 동시에 확인한 사건이었다. 최근 WHO는 여기에 그치지 않고 팬데믹 조약을 통해 전염병 공동대응 체제를 더욱 공고히 하는 방향으로 큰 걸음을 옮기고 있다.

세계화는 기존의 어떤 제국주의도 해내지 못한 세계 전체의 지배권 통합을 향해 가고 있다. 한 도시면 충분한 인간의 일상에서 굳이 세계 규모의 스케일로 살아가야 한다면 그에 상응하는 충분한 이유가 뒷받침되어야 할 것이다.

무작정 세계화나 글로벌리즘을 바람직한 방향이라고 생각하는 것은 안일하다. 세계화를 같이 외치려면 적어도 세계화가 누구에 의해 주도되고 있는지, 세계화의 수단은 무엇이며 종착지는 어디인지를 명확히 이해하는 것이 우선일 것이다.

우리는 세계화에 대한 충분한 이해가 없으면서도 흐름을 쫓기에 바쁘다. 급기야 교육은 세계화를 위해 세계 시민 교육에 앞장서고 있으며 그것이 정답이라고 학생에게 가르친다. 만일 지금이 일제 강점기라면, 세계 시민 교육은 일본이 필요로 하는 인간을 만들기 위한 황민화 교육에 해당하는 것이다.

역사상 지배 구조는 언제나 일반 시민에게 가혹했음에도, 교육은 지배 구조를 위한 시대정신을 주입하는 데에 앞장서왔다. 그것이 세계 시민을 위한 덕목이든 황국 시민을 위한 것이든 지배 구조만 다를 뿐 사실상 본질에는 차이가 없다.

아무리 좋아 보이는 가치라 해도 비판할 수 없는 정답으로 강요된다면 인간의 고유역량을 방해하게 되며, 누군가의 목적을 위한 인간 개조라는 오명을 벗을 수 없다. 어린 학생들에게 세계화에 따른 공동체 역량을 가르치는 것은 교육이 아니라 세뇌에 가깝다. 아직은 별 가치 기준이 없는 어린아이들이 정답처럼 주입되는 현상을 비판적으로 수용하는 것은 불가능하니 말이다.

세계 시민 교육(Global Citizenship Education, GCE)은 세계화에 순응하고 협력할 수 있는 인간을 만들기 위해 유네스코, OECD, 유엔 등이 주축이 되어 추진하고 있는 글로벌 교육 어젠더이다. 우리나라는 2015년 3차 세계 교육 포럼(World Education Forum)을 개최하였으며, 이를 기점으로 세계 시민 교육에 누구보다 적극적이다. 세계화의 정당성과 장애물을 학생들에게 가르치고 세계화를 받아들일 수 있는 정신 자세와 역량을 교육하도록 모든 교과를 개편하고 있다.

또한, 미디어의 발달은 전 세계의 관심사를 하나로 묶는 데 성공하였고 지금의 세계화 흐름을 가능하게 한 일등 공신이다. 제아무리 교류가 활발해도 개인의 이목을 집중시키고 문제를 단일화하는 데에는 미디어가 송출하는 뉴스와 온라인 콘텐츠만 한 게 없다.

우리의 일상은 뉴스가 정해 놓은 공통의 문제가 지배하며 교육 현장은 교과서에 정의된 정답이 지배한다. 세계화는 그렇게 인류의 비판을 피하여 무사히 목표를 눈앞에 두고 있다.

세계화는 세계 대전 이후 본격화한 이정표이다. 그 이후 세계화 의제는 국제 무역, 국제 금융, 테러, 기후 변화, 전염병, 기아, 난민 등 한 국가 차원에서 해결할 수 없는 전 지구적 이슈 덕분에 당위성을 이어 가고 있다.

글로벌 이슈가 미디어를 통해 다양한 형태로 홍보되고 있다. 이슈 해결을 위한 세계화인지 세계화를 위한 글로벌 이슈인지는 아직 평가하기에 이르다. 다만, 국제적 협력이 요구되는 글로벌 이슈가 세계화의 명분이 되고 있음은 부인할 수 없는 사실이다. 결과적으로 보자면,

글로벌 이슈가 세계화의 당위성을 만들고 이끄는 동력인 셈이다.

　세계화는 강대국과 경제 주도 세력의 영향력 아래에서 움직인다. 지배권의 통합이라는 역사상 전무한 사건의 방향성을 먼저 읽은 자들은 자신의 지분을 챙기기 위하여 그 흐름의 장애물을 미리 치우거나 글로벌 이슈가 자신에게 유리하게 작용하도록 영향력을 행사하고 있다. 기업가들이 뜬금없이 전혀 다른 분야에 투자하고 갑자기 글로벌 이슈 해결에 앞장서는 행보를 보이는 이유도 이와 무관하지 않다.

　세계화와 글로벌 이슈 간의 역학관계를 이해하지 못한다면 끊임없이 벌어지는 전 지구적 규모의 문제들과 그로 인한 파생 효과가 그저 불가항력적인 자연 현상처럼 느껴질 것이다.

　이제 세계화의 종착지가 궁금해진다. 초대형 글로벌 이슈를 기반으로 성장한 세계화는 다뤄야 하는 데이터의 규모가 기존과는 비교 불가이다. 이것을 능숙하게 다루고 어떤 미래의 비전을 만들어 세계인을 이끄는 인간의 지배 구조란 쉽게 상상하기 어렵다.

　유발 하라리는 전 세계의 불평등이나 지구 온난화 등의 글로벌 이슈는 시스템이 너무 복잡하다면서 전통적인 정치 구조들이 이 데이터를 제대로 다루지 못한다면 다른 구조가 그 역할을 대신하게 될 것이라고 말한다. 그 새로운 구조는 이전의 어떤 정치 제도와도 다를 것이며 이 구조를 제어하는 일조차 인류가 아닐 수 있다고 경고한다.[4]

---

4 『호모 데우스』(미래의 역사), 517p, 유발 하라리, 김영사 참조.

세계화로 인해 굳이 빅데이터까지 처리해야 하는 인류는 인공지능 기술에 의존할 수밖에 없게 되었다. 세계 질서를 통합해 온 기술지상주의가 이제는 데이터의 거대성을 이유로 인공지능 지배 구조의 필연성을 주장하는 모양새이다.

글로벌 이슈가 세계화를, 세계화가 빅데이터를, 그리고 빅데이터가 인공지능의 지배를 필연적인 것으로 만들고 있다. 그리고 세계 시민 교육은 글로벌 이슈의 중요성을 강조하고 그 해결을 위한 세계 시민의 자세를 가르침으로써 그 흐름을 공고히 한다.

이루어지기 전 모든 것은, 예측이며 시나리오이다. 그러나 바람직한 방향을 지켜 내기 위해서는 오히려 모든 가능성을 경청하고 평가하는 자세가 필요하다.

세계화란 특정 이익을 위해 움직이는 인위적 변화일 뿐 결코, 당연한 목표가 아니다. 그것이 옳은 방향인지 아닌지도 중요하지 않다. 다만, 사람들은 다른 이의 선택에 대해서 그 타당성을 질문할 수 있어야 한다. 인공지능 지배의 당위성을 만들어 가는 세계화의 필요성을 스스로 판단하고 문제를 제기할 수 있어야 한다.

인간이 문제를 찾지 않고 비판하지 않는 상황이야말로 부당한 것이다. 그것이 무엇이든 의심할 수 없다면 교육이 아니라 세뇌이다. 아무리 세계화가 좋은 것이라 해도 그와 다른 길을 모색할 기회를 제거하고 정답이라고 말하는 순간 교육에서 멀어진다.

이러한 교육은 강력한 소수의 지배를 미화하고 기정사실화하며 미래의 변화를 가로막는 수단으로 악용될 수 있다. 특정 가치에 편향된 주장들이 정치판이 아닌 교육 현장에서 당연한 결론처럼 주입되는 것은 매우 부적절하며 교육의 순서에도 맞지 않다.

디지털 소양이 인간의 기초 소양?

교육과정은 늘 좋은 말들만 나열하지만, 구체적으로 무엇을 지향하는 것인지 잘 파악되지 않는 특징이 있다. 고교학점제실시라는 요란한 꽹과리 소리로 이목을 집중시켰던 2022 개정 교육과정은 성동격서처럼 다른 부분에 독소가 숨어 있다.

이전의 교육과정과 대동소이하면서도 가장 눈길이 가는 것은 '디지털 소양'이라는 새로운 용어의 등장이다. 새로운 교육과정은 인간이 갖추어야 할 기초 소양을 기존 인문·사회·과학기술에 대한 기초 소양에서 언어·수리·디지털 소양으로 전환함으로써 실질적인 인재상에 중대한 변화가 있었다고 할 수 있다.

- 언어·수리·디지털 기초 소양 강화
- 지속 가능한 미래를 위한 공동체 역량 강화 및 환경·생태교육 확대
- 포용성과 시민성 등의 미래사회 요구역량 지향
- 협력적 소통역량 강화
- 지역과 학교의 유연한 교육과정 운영
- 선택과목 확대와 학생 맞춤형 교육
- 디지털 인공지능 기반의 교실 수업 개선
- 과정에 대한 학습과 평가

- 2022 개정 교육과정 中 -

이보다 앞서, 2020년 11월에는 관계 부처 합동으로 발표한 '인공지능시대 교육정책 방향과 핵심과제'가 있었다.

거기서는 '인간 중심으로 사고하면서 인간 고유의 창의성을 발현하는 감성적인 창조자'가 인재상으로 제시된 바 있다. '인간다운, 인간만의 특성이 미래의 생존 전략'이라는 설레는 비전도 있었다. 또한, 자기주도적 태도뿐만 아니라 '인간의 존엄성'을 마음 깊이 인식하는 철학적 사유를 강조하기도 하였다.

그러나 최종 확정된 교육과정에서는 '인간 중심' 철학들은 제외되었다. 어차피 대학 입시가 전부인데 교육의 인재상이란 게 무슨 의미가 있을까 싶다가도 아예 간판까지 내린 것을 보니 아쉬운 대목이다.

대놓고 인간이 존재 이유를 부정하고 인공지능에 경도된 시대이므로, 미래를 설계하는 교육만큼은 인간의 가치를 더욱 추구해야 옳다.

그러나 결과적으로 지난 2015년 교육과정은 인간에게 인문 사회적 기초 소양을 요구한 마지막 교육과정으로 역사에 기록될 것이다.

과거에 주판을 배우고 타자를 배우고 그러다 컴퓨터를 배운 것처럼, 디지털 소양이란 것도 결국은 신기술의 변화를 따라가는 기능일 뿐이다. 이것이 인간으로서 갖춰야 할 기초 소양의 반열에까지 오른 것은 인간이 지나치게 물질화되고 있음을 의미한다. 백년지대계인 교육의 목표치고는 너무 옹색하다는 생각을 떨칠 수 없다.

사람들은 이미 남녀노소 할 것 없이 과도하게 디지털 기술에 사로잡혀 있다. 이를 두고 유발 하라리는 사람들이 사생활과 개별성을 포기하고 자신의 일거수일투족을 온라인에 공유하며 이 연결이 잠시라도 끊기면 히스테리를 부린다고 진단한다.[5] 이처럼 온라인 네트워크가 인간의 외부 신경망처럼 존재하고 모든 사람들이 그것에 연결되어 있다.

안 그래도 자신의 모든 자유 시간을 디지털 기술에 빼앗기는 마당에 미래를 책임질 교육에서조차 디지털 소양을 강조하는 것은 결코 균형적 접근이 아니다.

2022 개정 교육과정의 디지털 소양에 대한 공식적인 정의는 다음과 같다.

5 『호모 데우스』(미래의 역사), 472p, 유발 하라리, 김영사 참조.

"디지털 소양이란 디지털 지식과 기술에 대한 이해와 윤리의식을 바탕으로, 정보를 수집·분석하고 비판적으로 이해·평가하여 새로운 정보와 지식을 생산·활용하는 능력을 의미한다."

이는 디지털 정보의 홍수 속에서 정보를 적절하게 선택하고 활용하는 디지털 리터러시의 개념을 확대하여 정의한 것으로 보인다. 그러나 '디지털 소양'의 선언으로 인해 디지털 지식과 기술을 추종하기 위한 사교육 경쟁만 남게 될 것은 불 보듯 뻔하다. 윤리 의식이니 비판 능력이니 하는 미사여구가 무색하게 이미 사교육 시장에서는 그렇게 움직이고 있으니 말이다.

개정 교육과정은 디지털 소양 외에도 언어 소양과 수리 소양을 기초 소양으로 함께 선언하였는데 그 정의가 아주 이색적이다. 언어 소양은 '언어를 중심으로 다양한 기호, 양식, 매체 등을 활용한 텍스트를 대상, 목적, 맥락에 맞게 이해하고, 생산·공유, 사용하여 문제를 해결하고, 공동체 구성원과 소통하고 참여하는 능력'이며, 수리 소양은 '다양한 상황에서 수리적 정보와 표현 및 사고 방법을 이해, 해석, 사용하여 문제 해결, 추론, 의사소통하는 능력'이다.

이는 언어와 수리에 대한 기존 해석과는 전혀 다른 접근이다. 디지털 리터러시라는 명분을 내세우고 있지만, 인간의 사고 과정을 인공지능의 학습과 분산처리 과정처럼 분해하여 재구성하는 것이 과연 인간의 기초 소양에 무슨 도움을 주는 것인지 의문이다.

이런 식의 교육 방향은 우리 교육 당국의 창작품이 아니라 OECD 2030 어젠다에 기반한다. 기술 문명이 이끄는 목적지를 향하여 인간을 준비시키는 세계적 흐름에 동조하는 것에 불과하다. 그래서인지 그 의미를 정확히 이해하거나 그것의 결과를 책임질 사람들은 보이지 않는다. 과연 그들은 인간과 이 시대 그리고 미래를 얼마나 이해하고 교육정책을 만드는 것인가.

공자도 경계했던 사이비란 것은 진짜의 자리에 앉게 되므로 가짜보다 더 큰 부작용을 낳는다. 교육의 근본 문제가 무엇인지 그리고 어디로 가야 하는지를 모른다면 시류에 따라 기초 소양에 등극한 디지털 소양은 AI 시대의 충성스러운 소비자 양산에 그치고 인간의 가치 상실만 가속화할 공산이 크다.

어쩌면 사람들은 이미, 유발 하라리의 말대로, 더 이상 자율적 존재이길 포기하고 전자 알고리즘의 관리와 인도를 원하는 상황일지도 모른다.[6] 이는 마치 인간이 네트워크 알고리즘에 연결된 하나의 생체 단말로 전락한 격이다.

환상을 쫓는 욕망만이 활보하는 가치 실종의 시대는 분명 교육의

---

6 『호모 데우스』(미래의 역사), 451p, 유발 하라리, 김영사 참조.

실종이 그 출발점이었을 것이다. 모든 인생의 출발마다 맨 앞에서 깃발을 들고 길을 안내했던 것은 늘 교육이었으니 말이다.

우리 교육은 늘 빨리 따라가라고 재촉하기 바쁘다. 패스트 팔로워(fast follower)는 답습할 뿐 의문을 갖지 않는다. 인문학이나 철학 같은 건 선택과목이 되고 디지털 소양이 최고의 덕목으로 부각한 새 교육과정을 보면서 드는 생각은 '우리는 또다시 빠른 추격자의 길을 가고 있구나.'이다.

여전히 철학이 설 자리가 없고 생각할 여유가 없는 것은 기술을 선도하지 못하는 국가의 운명일 수도 있고 한국 전쟁 이후 배고픔의 트라우마가 너무 커서일 수도 있다.

그러나 반세기 넘게 추격자로서 일군 기적적인 경제 성장에도 불구하고 여태 인간의 백 년은 고사하고 몇 년조차 책임질 교육 철학 하나 마련하지 못했다는 것은 추격자의 방식이 얼마나 가혹하고 반교육적인지 명확하게 말해 준다.

순서가 뒤바뀐 교육

우리의 교육은 환경, 생태 이슈를 통해서 인간의 역기능을 강조하여 가르친다. 지속 가능성을 위해서 자연의 수용 한계를 고려하자는 취지이다. 그러나 이것이 교육의 선두에서는 가치라는 것에는 동의할 수 없다.

인간뿐 아니라 모든 자연의 존재는 제 역할인 순기능을 하도록 설계되었다. 역기능은 순기능이 억제될 때 발생한다. 이산화탄소는 식물에 필수 불가결한 물질이지만 온실 효과를 일으키는 물질로도 알려져 있다. 이산화탄소가 순환되지 못하는 환경이라면 환경 위기의 주범으로 전락할 수 있다.

순기능의 장애로 발생하는 역기능이 실제 환경에 미치는 영향이 어느 정도인지는 아무도 정확히 밝혀낼 수 없다. 그러나 역기능을 없애는 것이 그 존재의 최우선 가치가 될 때의 폐해만큼은 분명하다.

세상의 어떤 존재도 자신의 역기능과 사투를 벌이지는 않는다. 모든 존재는 순기능을 발휘하며 살아가는 것이지 역기능을 없애기 위해 살아가지는 않는다. 순기능이 제 역할을 할 수 있는 환경이라면 순기능은 자연히 역기능을 제어할 수 있다.

순기능을 강화하면 계속 순기능을 발휘할 수 있는 선순환이 가능해지는 반면, 역기능에 집중하게 되면 오히려 순기능을 위축시켜 계속 역기능이 우세하게 되는 악순환의 고리에 빠질 수 있다. 예를 들어서, 엄마가 아이의 단점만 나무라면 아이는 위축되어 자신감을 잃고 점점 더 잘하는 것이 없게 된다. 그러나 아이의 장점을 찾아 격려해 주면 스스로 장점의 비중을 높이고 단점을 극복할 힘을 기를 수 있다. 얼핏 보면 로젠탈 효과 같지만, 장점에 조준한 칭찬은 순기능의 위력을 깨어나게 하는 것이다.

역기능을 제어하는 것도 순기능의 작용 범주이다. 따라서 학습 과정에서는 인간의 순기능부터 충분히 인식하고 발휘하는 게 먼저이고 그 이후에 역기능을 살펴도 늦지 않다.

이것의 순서가 뒤바뀌어서 어린아이들이 환경 문제부터 배우게 된다면 자신을 오염 물질이나 배출하는 쓸모없는 존재로 여기는 마음이 깊게 자리 잡게 된다. 사리 분별이 안 되는 어린 학생들이 이런 교육을 받게 되면 자신뿐 아니라 모든 사람에 대한 뿌리 깊은 인간 혐오로 이어질 수도 있다.

인간의 존재 이유와 순기능에 대한 배움은 시작도 못 해 보고 세상 쓸모없는 존재라는 그릇된 인식부터 정립되는 것은 비극이다. 인간을 응원하는 환경을 가지고 굳이 이런 비극적인 교육을 만들어 낼 이유는 없다.

아무런 가치 기준 없이 백지상태와 같은 어린아이일수록 환경 교육의 폐해는 더욱 심각할 수 있다. 우리는 어린 나이에 학업도 포기하며 환경운동에만 전념하게 된 스웨덴의 소녀 환경운동가 사례를 알고 있다. 잘못된 교육으로 오로지 환경만이 가치 판단의 기준이 된다면 인간은 고유 역할을 상실할 수밖에 없다.

훼손되는 환경에만 집중하고 전전긍긍할수록 인간은 자신의 역할을 해낼 기회를 잃고 정말로 오염시키는 것 외에는 하는 일이 없는 무가치한 존재가 되어 버린다. 자연 앞에서 죄인처럼 구는 것이 자아 성찰이고 최고의 선인 양 여겨지는 것은 진정한 인간의 일이 뭔지 몰라 벌어지는 해프닝이다. 인간이 자신의 역할을 이해한다면 그렇게 시간을 허비하지는 않을 것이다.

인간을 탄생시킨 자연은 엄연히 우리의 순기능을 응원하고 있다. 자연과 인간은 부모 자식의 관계에 비유할 수 있다. 자식을 위해서라면 부모는 자신의 희생 따위는 개의치 않는다. 그런데 자식이 부모를 걱정하여 제 할 일을 포기한다면 과연 기뻐할 부모가 어디 있겠는가. 자연이 인간을 낳았고 자연이 인간을 대하는 이치도 이와 같을 것이다.

정작 제 할 일은 제쳐두고 훼손되는 자연만 걱정하고 있다면 이것이야말로 자연의 희생을 헛되이 하는 짓이다. 자연은 역기능을 논할수록 기대와는 달리 비정상에 더 가까워진다.

인류가 이토록 환경 문제에 심취하게 된 것은 자신의 존재 이유와 역할을 상실한 것이 근본 원인이다. 환경 훼손보다 더 심각한 것은 인간의 순기능이 훼손되어 세상에서 인간의 작용이 사라지는 현상이라고 할 수 있다.

순기능대로만 살아간다면 모든 문제는 사라진다. 인간이 지켜야 할 것은, 환경이 아니라 자신의 고유 작용이다. 환경 위기라는 문제가 인간의 순기능을 억압하거나 외면하게 하는 결과를 초래한다면 잘못된 문제를 찾은 것이다.

인간 고유의 역량을 강화하고 자신의 순기능을 해내는 것만이 자연이 원하고 자연에 도움이 되는 길이다. 따라서 환경 문제 같은 역기능을 끄집어내어 강조할 시간에 어떻게 하면 순기능을 발휘하며 의미 있게 살아갈 수 있는지를 가르치는 게 더 나은 교육일 것이다.

우리가 친환경적인 생활 자세를 갖는 것은 필요하지만 인간의 역기능을 부각한 환경 문제 해결이 교육과정에서 정답처럼 존재하는 것은 옳지 않다.

정말 교육 당국이 환경을 보호하려는 순수한 의지만으로 환경 이슈를 바라보고 교육과정을 설계한 것이라면 순진하고 균형을 잃은 것이다. 글로벌 이슈인 환경 문제를 앞세워 자신의 이익과 영향력을 확대하려는 정치 경제 세력의 존재 역시 엄연한 현실이기 때문이다.

국제 사회는 각국의 이익에 따라 갑자기 환경관을 바꾸고 협약을 탈퇴하는가 하면, 전 세계 과학자들이 서명한 세계기후선언은 과도한 환경 위기를 조장하는 온난화 모델링의 허점을 지적하고 이를 정치 경제적으로 이용하는 행태에 반기를 들고 있기도 하다.

진실과 거짓은 어디에나 섞여 있을 것이고 굳이 어느 쪽이 옳은지 따질 필요도 없다. 명확히 검증할 수 없거나, 특정 세력의 이익을 위해 이용될 수 있는 논란의 이슈인데 어느 한쪽의 입장이 여과 없이 교육되는 것만큼은 분명 잘못이다. 배제하거나 양쪽 견해의 맥락을 모두

다루어 자유롭게 비판할 수 있어야 한다.

다른 예로서, 성교육도 문제가 심각하다.

학생들이 성에 대해 배운다면 당연히 성의 참된 의미를 알기 위한 성 윤리와 가정의 중요성을 포괄하는 가치관 정립이 최종 목표가 되어야 할 것이다.

그런데 어떻게 된 일인지 현실에서는 윤리 교과에서 다루는 내용보다는 양호 교사가 주관하는 성기의 구조나 피임법 같은 성행위에 대한 교육이 전면에 나서고 있다. 아직 성생활 연령이 아닌 학생들에게 성생활을 가르치고, 결국은 학교가 나서 미성년자들에게 성관계를 권하는 꼴이 되었다.

안 그래도 저급한 온라인 콘텐츠에 찌든 아이들은 학교에서조차 성관계가 권장되는 분위기 속에서 성에 대한 자기 절제나 성 윤리를 제대로 배우지 못하고 있다. 미성년자와의 성관계는 처벌 대상이지만 미성년자끼리의 성관계는 학교가 나서서 가르치고 있으니 더욱 모순이 아닐 수 없다.

피임법이나 가르치는 조급한 성교육은 결혼과 성생활의 분리를 전제로 하면서 자연스럽게 도덕성의 수준을 낮춘다. 성관계 위주의 성교육으로 인해서 남녀 간의 정서적 유대를 해치고 책임질 필요 없는 성관계를 앞서 가르침으로써 건전한 이성관의 성숙을 방해한다.

결과적으로 우리의 성교육은 성 개방은 앞장서는 대신 도덕 수준을 낮추고 올바른 가치관 정립에 실패하고 있다. 자유롭고 책임성 없는 이성관은 장기적으로는 결혼율을 낮추는 데에도 일조할 수밖에 없다.

학생들은 성장기 내내 수신(修身) 하나를 위해서 총력을 기울여도 학습 시간이 부족하다. 그런데 그 자리에 글로벌 거대 이슈를 위한 정답과 성생활을 가르치는 성교육까지 끌어들인 교육과정은 점검이 필요하다.

인간의 성장 과정과 괴리된 교육은 특정 이익 집단에 편향된 가치 기준을 심어 주고 학생의 자유롭고 무한한 비판을 제한할 가능성이 크다. 일면 필요한 측면이 있다 해도 지식이 자유로운 비판의 대상이 아니라 항상 결론의 자리를 차지한다면 그 자체로 교육의 역할과는 멀어지는 것이다.

순서를 무시하고 특정 정답과 가치부터 주입하기 급급하게 되면 교육은 부작용을 피할 수 없다. 무엇을 가르쳐야 하는지 그 내용과 순서를 모른다면 차라리 학습은 학습자에게 맡기고 교육은 뒤로 물러나는 게 옳다. 사실상 학습은 인간의 본능인데 괜히 교육이 나서 방해만 하는 꼴이다.

지금의 정치인들은 1세기 전의 정치인들보다도 생각의 규모가 작아서 정부는 그저 하수도 범람이나 교사의 월급을 걱정할 뿐 미래의

방향성에 대해서는 아무 생각이 없다는 유발 하라리의 지적만큼은 공감하지 않을 수 없다.[7]

우리의 옛 교육은 알고 있다

우리 교육은 인간의 성장 방식을 무시하고 안 될 게 뻔한 교육을 하고 있다. 이것은 교육이 학습자를 변화의 주체가 아닌 객체로 보고 있음을 방증한다.

> "사람을 가르치는 데는 순서가 있다. 먼저 작은 것과
> 가까운 것부터 가르치고 그런 뒤에 큰 것과 먼저 할 것
> 을 가르치는 것이다." -『하학지남』-

인간은 메타역량의 입구인 지적 호기심을 타고난다. 누가 시키지 않아도 자신과 제일 가까운 것에부터 끊임없는 관심을 보이다가 이리저리 범위를 넓혀 탐구해 나간다.

실제로 어린아이는 자신의 발밑에 제일 관심이 많다. 아무리 어른들이 좋은 곳에 데리고 가서 멀리 있는 풍경을 보여 주어도 발밑에 기어 다니는 개미가 더 궁금한 게 어린아이이다. 인간은 자연스럽게 가

---

7 『호모 데우스』(미래의 역사), 515p, 유발 하라리, 김영사 참조.

까운 것에서 시작하지만 종국에는 세상의 근본 이치까지 알아낸다.

이 맥락과 순서를 방해하고 조급하게 정답을 다그치는 것은 인간을 위한 교육이 아니다. 기존 질서를 그대로 수용하게 하려는 교육의 횡포일 뿐이다.

교육을 백년지대계라고 하는 것은, 한 인간이 성장하여 세상의 변화를 이끄는 평생의 과정을 고려하여 교육을 설계해야 한다는 의미이다. 관련하여, 우리의 옛 교육인 유교 경전『대학』의 팔조목을 소환하여 참고할 필요가 있다.

격물 → 치지 → 성의 → 정심 → 수신 → 제가 → 치국 → 평천하

경1장에 나오는 팔조목은 '격물, 치지'라는 학습법으로 시작한다. 지혜를 얻는 배움의 과정을 시작으로, 자신을 완성하고 나아가 가정, 국가 그리고 천하를 논하기까지의 성장 과정을 알려 준다. 학습과 일을 같은 맥락 위에 배열하고 올바른 학습을 시작으로 한 인간의 성장 과정을 강조한다. 잘못된 학습이 개인과 사회를 망칠 수 있음을 경계하는 것이다.

사람이 세상에 대한 시각을 갖기 위해서는 수신을 위한 학습의 과정이 선결되어야 한다. 수신의 길을 걷는 학습자에게 섣불리 세상에 대한 특정 가치관을 주입하고 간섭하는 것은 순서를 한참 거스르는 것

이며 인간의 성장을 위한 방식이 아니다.

유교 질서에서 학습법으로 제시된 격물치지를 좀 더 자세히 살펴보자.

우선, '격물(格物)'은 '격(格)'의 의미를 어떻게 보느냐에 따라 역사상 다양한 해석이 존재해 왔다. 사물의 이치를 탐구하는데 굳이 '격(格)'이라는 글자를 선택했다는 것은 단순한 탐구를 넘어선 남다른 의미가 있다고 보는 게 타당할 것이다.

> "사물에는 본말이 있고 일에는 시종이 있다(物有本末,
> 事有終始)." -『대학』-

정약용은 '격(格)'을 '재 보고 헤아린다.'라는 의미로 해석하였다. 이를 수용하면, 팔조목 앞에 오는 '본말선후(本末先後)'의 사상과 이어져 '격물치지'는 '사물의 본말선후를 재 보고 헤아리는 것'으로 해석할 수 있다. 다만, 유교 사상가들은 본말선후의 관계를 『대학』의 육조목이나 유교 사상 안에서만 찾으려 하지만, 넓게 보면 이것은 세상을 만들어가는 인과율 자체에서 파악할 수 있다.

모든 현상과 사물은 인과관계 속 변화의 법칙인 인과적 맥락을 내포하고 있으며 이것이 대학에서 말하는 본말 선후의 관계라고 할 수 있다.

여기서, 인과관계와 인과적 맥락을 구분하는 이유는 원인을 거슬러 올라가며 여러 인과관계가 모여 뚜렷한 변화의 방향성이 드러나거나 인과관계를 만들어 내는 지향성이 포착될 때 이를 인과적 맥락이라고 설명하기 위함이다. 예를 들어 소묘를 보면 많은 선이 약간씩 다른 방향으로 분포하지만 결국은 특정 형상으로 수렴된다. 하나의 인과관계는 하나의 선에 해당하고 그것들이 모일 때 비로소 인과적 맥락이라는 뚜렷한 방향성이 드러나는 것이다.

난해하지만 '사물의 이치를 탐구하는 것' 정도로 해석되어온 '격물치지'는 사물의 인과적 맥락을 도출하는 것이며, 원인을 분석하고 대상의 방향성이라는 가치 기준을 정립하는 '메타 사이클'과 다르지 않음을 알 수 있다.

즉, 현상과 사물이 탄생하게 된 인과관계를 파악하는 것이 격물(格物)이고, 이를 통해서 변화의 방향성이라는 인과적 맥락을 도출하는 것이 치지(致知)이다.

이처럼 인간의 학습법은 대상 자체를 배우는 게 아니라 대상이 변화해온 방향성을 파악하는 것이다.

예를 들어서 초등학생이 거북선에 대해 배운다면, 거북선의 전투성과만 알아서는 거북선을 이해했다고 할 수 없다. 아래 예제와 같이, 거북선 탄생 과정의 인과적 맥락을 파악해야만 거북선이어야 했던 이유를 이해하고 관련 가치 기준을 만들 수 있다.

예제) 거북선의 탄생

거북선은 1415년(태종 15년) 『태종실록』에 모의 훈련하는 거북선이 처음 등장하며 거북선의 방어 능력이 우수한 것으로 언급된 것으로 보아 외판으로 차단된 장갑선인 거북선은 이미 고려 시대부터 존재하였을 것으로 추정된다. 고려 때부터 여진 해적이나 왜구는 우리 측 배에 접근한 후 배로 뛰어들어 싸우는 백병전을 구사했기 때문에 적이 들어오지 못하게 외판으로 막는 장갑선이 유효했을 것이다. 그러나 이 당시 거북선은 공간이 협소한 문제로 인해 많은 인원이 승선하기 어려웠으며 선봉에서 선제공격을 담당하는데 그쳤던 것으로 보인다.

조선 명종 때에 기존의 평선인 맹선을 개량한 판옥선이 등장하여 조선 수군의 전함으로 사용되었다. 이는 하부는 평선 구조로 기동성을 유지하면서 아래층에서는 노를 젓고 위층에서는 전투할 수 있도록 공간을 다층으로 구성하여 배의 규모를 키운 것이다. 그러나 판옥선은 2층이 열린 공간이므로 방어력에서는 취약했다.

임진왜란 당시의 거북선은 공격력과 방어력 모두를 만족해야 했다. 따라서 이순신은 많은 인원이 승선하고 기동성이나 공격력이 우수한 판옥선에 갑판을 덮는 거북선의 형태를 접목하는 방법을 택했다. 임진왜란에서 거북선이 활약할 수 있었던 것은 뚜렷한 목적하에 기존 기술의 장점을 잘 융합하였기에 가능했던 것이다.

정리하자면, 격물치지는 사물이 변화해 온 맥락을 이해함으로써 지식이 지혜로 승화하는 과정이다. 유교 질서에서 배움의 방법으로 제시된 이것은 메타 학습과 일치한다. 단, 탐구 대상은 내 주변에서 시작하여 점점 범위를 넓혀 간다. 작고 가까운 것에서 크고 먼 것으로 학습해 나가되 배움의 방법은 오직 격물치지이다.

다음으로, 팔조목의 '성의, 정심'은 인간이 진정한 배움(격물치지)을 통해 비로소 참된 뜻을 세우고 바른 마음을 가지는 것이다. 인간의 학습이 '격물치지'에서 시작하여 생각과 마음을 다스리는 '성의 정심'으로 이어져야 함을 알 수 있다.

학습의 결과는 궁극적으로 자신을 다스릴 수 있는 '수신'의 연료로 전환되어야 한다. 이처럼 인간은 사물의 이치를 깨달아 자신을 다스린 뒤에라야 타인에게 영향력을 미치는 경지로 나아갈 수 있다.

우리에겐 백년지대계다운 교육과정이 있었다. 격물치지는 인간의 학습법을 지향하며 진정한 성장을 안내한다.

아무리 시대가 바뀌어도 인간의 고유역량과 성장 방식이 달라질 리는 없다. 방향을 잃은 우리 교육은 무작정 글로벌 어젠다를 따르기보다는 옛 교육에 길을 묻는 지혜가 필요하다.

3

해외 논술 교육에 대한 환상

대표적인 해외 입시 전형으로는 영국의 A 레벨, 프랑스의 바깔로레아, 독일의 아비투어, 국제 바깔로레아(IB) 등이 있다. 이들의 가장 큰 공통점은 모두 논술형 시험과 절대평가를 표방하고 있다는 점이다.

특히, IB의 경우는 국내에서도 갑자기 관심이 증폭되어 교육의 대안처럼 여겨지고 있는데, 잦은 해외 근무를 해야 하는 부모들이 자신의 자녀를 위해 교육 프로그램을 만든 것이 그 시작이라 한다. 그래서인지 해외 어느 대학에도 통용될 수 있도록 종합 선물 세트 같은 평가 과정을 구성해 놓고 있다. 그만큼 학생들이 해야 할 게 너무 많다. 굳이 여러 해외 대학에 지원할 게 아니라면 그 많은 과정을 국내용으로 유지하는 것은 과도하다고 할 수 있다.

이들 전형에서는 정답을 고르는 선다형이 아니라 각자의 답을 서술하는 방식으로 평가를 한다고 하니 마치 뭔가 창의적 활동을 하게 한다는 좋은 인상을 주는 것도 사실이다.

따라서 부러워하다 못해 아예 그들의 교육 시스템을 통째로 들여오고 이것을 교육개혁인 양 홍보하는 경우까지 보게 된다. 그러나 문제 원인은 모르면서 처방만 용감해서는 부작용을 피할 수 없다. 선진국에서 한다고 하면 무조건 좋아 보이는 것이 추격자의 고질병이다.

인간에 대한 이해 자체가 부족하여 벌어진 반교육 사태에서 그 원인을 분석하지 않고 어떻게든 빨리 문제를 해결해 보겠다는 시도 자체가 무모한 것이다. 문제 원인을 도외시한 땜질식 처방은 또 다른 부작용을 낳고 교육 현장에 혼란만 가중할 것이 뻔하기 때문이다.

선진국은 산업 혁명을 거치면서 기술력을 선점한 것이 주효했지 논술형 시험 때문에 선진국이 된 것이 아니다.

A레벨은 1951년, 프랑스 바깔로레아는 1808년, IB 역시 1968년에야 만들어진 과정이다. 만일, 논술형 평가가 정답이었다면 어느덧 세기를 넘어 오랜 시간 그것을 시행해 온 그들은 이미 이상적인 국가를 실현했어야 할 것이다.

정말 그들의 교육이 인간의 메타역량을 발전시키는 제대로 된 것이었다면 그런 훌륭한 교육을 받은 개인이 자신의 충동 하나 조절하지 못하여 범죄나 마약 문제에 연루되는 비극도 없어야 마땅하다.

그러나 현재의 유럽은 이민자 문제 하나 제대로 다루지 못하여 위기를 자초하였으며 정치 경제적으로 어느 때보다 불안정한 터널을 지나고 있다. 그 와중에 프랑스 바깔로레아는 내신을 도입하여 논술시험의 비중을 낮추는 방향으로 개편되기까지 했다

또한, 어느 글로벌 통계 사이트의 2022년 국가별 범죄 지수를 보면,

우리나라는 26.5인 반면 독일은 36.4, 영국은 46.5, 프랑스는 52.4로 우리보다 훨씬 심각한 수준이다. 물론 어느 사회나 낙오자는 있고 그들은 다른 이유에서 논술형 평가의 혜택을 보지 못한 케이스라고 주장할 수도 있을 것이다. 그렇다면 적어도 경제와 기술을 선도해 온 사람들은 논술형 교육의 효과를 톡톡히 보았을 것인데 그들은 이 시대를 위해서 어디에서 무엇을 하고 있는가.

인공지능이 발전함에 따라 우리는 오히려 인류 종말 운운하는 기술지상주의의 불안한 미래 이야기를 듣고 있다. 마치 브레이크도 없는 폭주 기관차에 다 같이 올라탄 것처럼 기술 발전의 목적지도 모르는 자들의 리드를 속수무책으로 지켜보고 있다.

이에 대해 유발 하라리는 세계 경제가 10년 뒤 어떤 모습일지 예측할 수 있는 사람도 없고 이토록 급히 어디를 향해 가고 있는지 아는 사람도 없으며 시스템을 이해하는 사람이 없으니 멈출 사람도 없다고 말한다.[8] 욕망이 주도하는 시스템에서 물질과 정신은 균형을 잃고 쾌락만이 모든 가치를 대변하고 있지만, 사람들은 무엇이 문제인지조차 감지하지 못한다.

이와 같은 위기 상황에서도 논술형 평가가 키워 낸 인재들의 남다른 활약상은 찾아보기 힘들다. 남이 보지 못하는 진짜 문제를 찾아 바람직한 방향을 선도할 수 없다면 대체 어디에서 논술형 평가의 우수

---

8 『호모 데우스』(미래의 역사), 80p, 유발 하라리, 김영사 참조.

성을 찾아야 하는지 의문이다. 오히려 우리나라의 선다형 객관식 평가 방식은 빨리 선진국을 추격해야 하는 후발 주자에게는 유효한 전략이며 빠른 경제 성장을 안겨주었다. 그러나 리더의 교육으로 인식되는 선진국 논술형 평가의 유익은 무엇인지 정확히 규명하기 어렵다.

막연하게 논술형 평가니까 남다른 사고를 할 수 있을 것이라는 선입견 말고는 논술형 평가를 우대해야 할 명확한 근거가 없다. 더 나아가 선다형이든 논술형이든 답안 작성 방식이 교육의 질을 나누는 잣대라는 논거조차 찾을 수 없다.

다만 논술형 평가에서 묻는 문제들이 철학적이고 꽤 멋있게 보일 수 있다는 점은 인정한다.

2023년도 프랑스 바깔로레아 철학 시험은 "행복은 이성이 관계된 영역인가?", "평화를 원한다는 것은 정의를 원하는 것이기도 한가?"를 물었다. 스스로 생각하게 하고 각자의 생각을 존중한다는 기분이 들 수 있다. 그러나 문제는 답을 내포하는 것이어서 어떤 식으로 묻든 정답이라는 한계를 벗어나기 어렵다.

교육정책에 책임 있는 사람들이 명확한 증거가 아닌 막연한 느낌만으로 논술형 평가를 교육 문제 해결을 위한 열쇠라고 단정하는 것이라면 너무 무모하고 무책임한 발상이다. 인간의 성장 방식을 이해해야만 교육에 대한 방향을 세울 수 있으며, 문제 원인을 분석해야만 해결책을 찾을 수 있다. 아무리 급해도 바늘허리 매어 쓸 수 없는 노릇이다.

선다형과 논술형의 차이는 없다

평가에 있어서, 선다형이든 논술형이든 결과적으로 효과의 차이를 찾을 수 없는 것은 당연하다. 둘 다 주어진 문제를 주어진 시간 안에 풀어야 하는 '문제 내는 교육'에 불과하기 때문이다.

아무리 다르게 포장을 한다 해도 문제를 내는 교육에서 학생들은 교육과정 내내 자신의 생각보다는 어떤 문제가 나올지 출제자의 의도를 더 궁금해하며 대비하고 경쟁해야 한다. 굳이 차이점을 찾자면, 선다형이라면 정답을 바로 가르치면 되고, 논술형이라면 정답 쓰기에 필요한 것을 가르치면 된다.

또한, 논술이라고 해서 정답이 없다고 생각하면 오산이다. 공정성 문제 때문에 논술은 오히려 더욱 엄격한 평가 기준에 따른 채점이 필수이다. 결국, 출제자가 원하는 답은 정해져 있는 법이고 여기에서 벗어나는 주관적인 답은 현실적으로 좋은 점수를 받기 어렵다. 그래서 논술형이 정답을 가르치는 게 아니므로 사고력을 키우는 우수한 평가라는 생각은 안일하다. 오히려 길게 써야 하므로 더 많은 양의 정답을 요구한다고도 볼 수 있다.

문제라는 것은 태생적으로 답을 내포하고 있다. 따라서 정말 귀하고 어려운 작업은 문제를 찾는 것이지 답을 구하는 게 아니다. 그리고 문제를 찾는 것은 메타역량을 가진 인간만이 할 수 있는 일이다.

메타역량은 인과적 맥락에서 방향성을 도출하고 이를 토대로 문제를 발견하는 하나의 사이클(메타 사이클)에서 발현하는데, 문제를 내는 교육은 이 순환 고리를 싹둑 자르고 자기들이 원하는 문제를 들이미는 것이다.

따라서 문제를 내는 교육에서는 메타역량이 단절되고 억제되는 것을 피할 수 없다. 문제를 선다형으로 풀든 논술형으로 풀든 문제를 찾는 메타역량을 키우기 어렵다는 점에서는 다를 게 없다. 문제가 주어지는 것은 변함이 없는데 여기에 답만 논술형으로 쓰라는 것은 어쩌면 더 강력한 주입식 교육이 될 수도 있는 것이다. 쓸모없는 것들을 더 많이 더 확실하게 기억해야 하기 때문이다.

문제를 찾지 않는 사회는 문제를 내는 교육에서 시작된다고 할 수 있다. 문제 찾기에 익숙하지 않은 사람들은 흐름에 순응하기 바쁘며, 갑자기 경제 위기가 닥쳐오고 심각한 사회 문제가 발생하면 그에 맞는 땜질식 답을 찾는 데에 급급하게 된다.

문제가 주어지는 교육에서는 답을 찾는 데에만 집중하므로 미리 문제를 찾아 예방하고 잘못된 방향을 근본적으로 수정할 능력은 키우기 어렵다. 그래서 선다형 평가를 하든 논술형 평가를 하든 주어진 문제만 풀다 보면 너 나 할 것 없이 다 수동적이고 무기력해진다.

정말 바꿔야 할 것은 답안 작성 방식이 아니라 문제를 내는 평가 자체를 최소화하고 학습자 스스로 문제를 찾을 학습의 기회를 확대하는 것이다. 정해진 길로만 달리고 다른 길을 보지 못하게 하는 경주마의 눈가리개는 교육 현장에서 퇴출되어야 한다. 교육은 경주마를 키우는 게 아니라 인간의 진정한 성장을 위해 존재해야 한다.

당연한 것이 지켜지지 않는 교육 현실에서는 선다형이라고 비웃을 이유도 없고 논술을 한다 해서 대단하게 생각할 이유도 없다는 것을 알아차려야 한다. 문제가 주어지는 한 답을 어떤 방식으로 쓰는가는 생각만큼 그렇게 중요한 요소가 아니다.

빠른 추격을 위해서라면 오히려 주입식, 암기식, 객관식이 더 효율적이다. 한정된 시간 안에 더 많은 것을 배울 수 있고 공정하고 빠른 평가가 가능하니 말이다. 소문난 잔치에 먹을 것 없는 것처럼, 논술형 평가의 효과는 미지수인 반면, 우리의 교육은 추격자로서의 현실적 필요를 충족시키는 가시적 효과를 보인 것이 사실이다.

그럼에도 우리가 논술에 열광하는 것은 아마도 글쓰기의 중요성 때문일 것이다. 생각을 글로 표현하는 것이 중요하다는 것은 누구나 알고 있다. 그러다 보니 학습의 성과를 평가하는 단계에서나마 논술을 강조하게 되는 것이다.

그러나 글쓰기는 학습 효과를 높이기 위해 학습 과정을 이끄는 도구이지 평가에만 필요한 것이 아니다. 학습 도구로서의 글쓰기는 학습 과정 내내 동행해야 하므로, 정말 논술형 평가를 하고자 한다면 학습의 결과로 주어지는 글쓰기 결과물 자체를 대상으로 하는 것이 바람직하다.

특히, 스스로 주제를 찾고 해법을 도출하거나 기존 해법의 형성과정을 비판하는 소논문이 가장 이상적인 형태라고 할 수 있다. 자신이 정립한 가치 기준에 따라 문제를 정의하고 해결하는 과정을 논문으로 작성하는 것은 평가의 공정성과 효율성만 확보된다면 가장 이상적인 논술형 평가라고 할 수 있다.

절대평가에 대한 환상

유수의 해외 입시 전형은 모두 절대평가를 내세우고 있다. IB 역시 내신과 외부 시험 모두 절대평가를 한다고 한다. 그러나 전 세계 학생들이 경쟁하는 시험에서 서로 다른 채점관이 절대평가를 한다는 것은 어불성설이다.

실제로는 표준화라는 이름으로 성적 분포에 따라 등급 간 경계를 조절하는 상대평가에 가까운 평가를 할 수밖에 없다. 따라서 실제로 이들 전형을 준비하는 사람들은 등급 컷에 신경 쓰느라 절대평가라는 것을 체감하기 쉽지 않을 것이다.

그렇다면 상대평가는 사람을 줄 세우는 나쁜 평가이고 절대평가는 개인의 성장을 존중하는 좋은 평가일까?

물론 아니다. 상대평가와 절대평가는 그 쓰임새가 다른 것이지 어느 것이 비교 우위에 있는 것이 아니다. 따라서 절대평가를 하면 좋은 교육인 것처럼 말하는 것도 착시 현상을 일으킨다. 이런 식의 접근이야말로 교육의 진짜 문제를 가리는 장애물이 아닐 수 없다.

상대평가는 지원자에 비해 선발 정원이 적어서 발생하는 경쟁 상황에서 평가 점수에 따른 서열화가 불가피할 때 사용된다. 반면, 절대평가는 경쟁이 없는 추첨제나 자격 시험의 경우에 도입할 수 있다. 즉, 경쟁해야 할 때는 등급별 비율을 정하거나 평가 결과를 서열화하는 상대평가가 불가피하며, 절대평가는 그런 경쟁이 없는 경우에만 활용할 수 있다.

적당한 경쟁은 동기 부여가 되므로 반드시 나쁜 것만도 아니다. 상대평가가 나쁘다는 인식은 과도한 경쟁에 따른 부작용 때문이지 그러한 평가나 경쟁 자체가 나쁘기 때문이 아니다.

절대평가와 상대평가는 가치 판단 혹은 임의 선택의 대상이 아니라 경쟁 여부에 따라 어느 것을 적용할지가 결정되는 것이다. 이러한 각각의 용도를 무시하고 막연한 환상으로 아무 데나 절대평가를 도입한다면 부작용은 전적으로 학생들에게 돌아갈 것이다.

특히, 대입을 위한 내신에서 절대평가를 도입하는 경우 현실적으로 일선 학교의 성적 부풀리기를 막을 방법이 없다. 교사가 자신의 학생을 위해서 시험 문제를 쉽게 내거나 예상 문제를 미리 암시해 주는 것도 가능하기 때문이다.

만일 내신을 절대평가로 전환하고자 한다면, 내신평가를 대학 입시에 반영하지 않거나, 반영하는 평가만큼은 수능 시험처럼 치러야만 그나마 신뢰할 수 있을 것이다. 그렇지 않으면 학교 현장은 점수 잘 주는 학교로의 쏠림과 성적 불신 등으로 급격한 붕괴에 직면하게 될 것이다.

실제로 우리는 교육개혁이랍시고 한때 내신평가를 절대평가로 바꾸었다가 성적 부풀리기 사태로 다시 상대평가로 전환했던 경험이 있다. 그럼에도 불구하고 절대평가가 여전히 개혁 카드로 등장하고 있는 것은 아이러니다.

계속 같은 패턴의 실수를 반복하면서 근본적 해법이 나오지 않는 것은 교육 소비자에 대한 기만이거나 원인을 탐구하지 않는 메타역량의 부재에 기인한다고 볼 수 있다.

사실상 상대평가는 아무런 문제가 없다. 상대평가가 문제라고 하는 것은 줄어든 차선 때문에 차들이 한 줄로 서행하고 있는 상황인데 천천히 달리는 차들 때문에 도로가 혼잡하다고 진단하는 것과 같다. 원인과 결과가 전도되어 결과에 모든 책임을 전가하는 것에 지나지 않는다.

진짜 문제는 대학 입학에 설정된 과도한 경쟁이다. 이것을 해결하지 않으면서 어떻게 상대평가를 안 할 수 있으며 상대평가에 따른 폐해를 막을 수 있는가.

인구는 줄고 대학은 남아도는 시대다. 과도한 경쟁을 해결하는 것은 불가능해서 못 하는 것이 아니라 그 간판 경쟁을 이용한 먹이 사슬과 기득권의 이익을 유지해야 하기 때문이다. 의미 없는 경쟁이 학생이 아닌 경제 생태계를 위해 존속해야만 하는 것이다.

선진국의 교육이 부러운 진짜 이유는 논술형이나 절대평가 같은 게 아니라 대학 입학보다 대학 졸업이 어렵다는 점이다. 성인이 되어서 하는 공부야말로 본격적인 메타역량의 시간이기 때문이다.

대학 입학 후에 비로소 제대로 된 공부가 시작된다면 입학만을 위해 올인할 사람도 줄어들게 되어 있다. 내가 정말 그 분야의 연구를 할 것인지 그리고 정말 나에게 필요한 과정인지 더욱 철저한 자기 검증을 통해 대학 진학 여부를 결정하게 될 것이다.

우리처럼 대학이 학위 취득이 쉽고 취업 준비나 하는 곳이라면, 아무리 마이스터 고등학교를 만들고 각자의 소질에 따른 다양한 진로 선택을 외쳐도 공염불이 될 수밖에 없다.

지금이라도 학위 취득의 절대적 자격 기준을 높인다면 입시 경쟁을 완화할 수 있다. 독일처럼 아예 대학 서열화 개념을 없애는 일도 충분히 가능하다. 적어도 입학보다 졸업을 어렵게 하고 대학에서 진정한 학문 연구에 매진하게 한다면 대학 간판에 몰린 과도한 경쟁은 얼마든지 줄일 수 있다.

경쟁해야 하는 상황은 그대로인데 절대평가 운운하는 것은 문제 해결의 의지를 의심하게 한다. 뭐라도 해야 하는 개혁 주체들은 교육의 해법으로서 여전히 절대평가 카드만을 만지작거리고 있을 뿐이다.

교육의 문제점이 마치 선다형 시험과 상대평가에 있는 것처럼 문제 원인을 호도하는 것은 철저한 원인 분석이 없었거나 개혁을 원하지 않는 자들의 기만전술에 불과하다.

교육 소비자부터 논술형 평가와 절대평가가 교육 혁신이라는 착각에서 벗어나야만 비로소 교육의 진짜 문제에 다가설 수 있을 것이다.

암기의 중요성

선진국의 교육을 말하면서 또 흔히 하게 되는 실수는 암기에 대한 가치 절하이다.

암기라고 하면 무조건 좋지 않게 생각하거나 컴퓨터 검색 또는 오픈북을 하면 되므로 굳이 외울 필요 없다는 식의 말을 하곤 하는데, 이는 아주 위험한 발상이다. 나를 벗어나 다른 곳에 있는 지식은 나를 포함한 이 세계에 아무런 영향을 미치지 못하기 때문이다.

인간은 전체의 일부가 아니라 각자가 직접 자연과 연결된 독립된 존재이다. 바꿔 말하면, 인간은 온전히 독립되어야 비로소 연결될 수 있다. 여기서, 독립이란 지식이 내 머리에 저장되어 있을 것을 전제로 하는 생각의 집중이다. 머릿속에 없는 지식은 생각에 반영될 수 없고 새로운 지식으로 발전할 수 없다. 따라서 암기는 필수적인 지적 활동이고 암기력이 좋을수록 지적 성장에 유리한 것이 사실이다.

"기억하지 못하면 생각이 일어나지 않는다." – 장자 –

우리 조상들도 유교의 기본 경서인 사서삼경은 무조건 외울 것을 강조하였다. 이해했다가 필요할 때 찾아보면 될 것을 굳이 머릿속에 집어넣으려 했던 것은 다 이유가 있는 것이다.

암기와 이해는 양자택일적 관계가 아니다. 짧게라도 기억하지 않고 이해할 수는 없다. 막연하게 암기보다 이해가 중요하다고 믿는 것은 인간이 어떻게 생각하는지 그 메커니즘을 간과하기 때문이다. 기억하는 게 없는데 이해하고 있다고 착각하는 것은 이해력과 실제 이해를 혼동한 결과이다. 기억하지 않으면 이해력은 남을지언정 실제로 이해한 것은 없게 된다.

식물이 토양에 뿌리를 내려야 성장할 수 있는 것처럼 생각 역시 머릿속에 저장되어 축적된 지식이 있어야만 성장의 기회를 얻게 된다. 아무리 좋은 지식이라도 컴퓨터 안에 있거나 책장에만 있어서는 생각 회로를 작동시킬 수 없다.

예를 들어서 수학 공식은 제공하고 계산 과정만 평가한다면 계산이야말로 계산기가 더 잘하는 것이 아닌가. 사람에게는 계산 실력보다 수학 공식이 탄생한 과정에 대한 이해와 그 결과물인 수학 공식 자체가 더 중요하다. 공식이 내 머리에 정확히 각인되어야만 비로소 그것을 비판하고 발전시킬 수 있다. 만일 공식을 암기하지 않는다면 그 공식은 소화의 대상이 아니라 보전해야 할 불변의 진리임을 의미한다. 인간은 늘 같은 공식을 풀 것이고 결국은 기계보다 비효율적인 존재가 될 것이다.

기억된 지식과 생각은 함께 성장한다. 암기는 지식을 섭취하여 생각의 양분으로 내면화하는 과정이다. 생각은 머릿속에 저장된 지식에 뿌리를 내려 성장하고 해당 지식은 생각을 통해 새로운 지식으로 전환된다.

메타 사이클은 생각의 과정이다. 눈이 책이나 모니터에 가 있는 것은 지식 입력을 위해 불가피하지만, 이후에는 기억을 통해 생각 회로를 구동해야 한다. 오픈북 시험이라고 해 봐야 문제만 어려워질 뿐 결국, 암기된 것이 없으면, 책 속의 내용이 그림의 떡이라는 것을 경험해 본 사람은 알 것이다.

생각은 암기된 것 위에서만 작동한다. 그래서 시선이 외부로 향하면 생각에 집중하기 어렵다. 제대로 생각하기 위해서는 온전히 내면을 향해야 하며 그때 머리에는 암기된 지식이 기다려 주어야 한다.

* * *

우리가 부러워하는 선진국의 교육에도 해답은 존재하지 않는다. 말단에서 약간씩 다른 옵션을 가지고 있을 뿐 '문제 내는 교육'이라는 본질에는 차이가 없기 때문이다.

메타역량을 억압하는 근본적 원인에의 접근은 모두가 실패하고 있다. 어차피 정해 준 문제에 답해야 하는 교육 현실에서 논술형 평가나 절대평가가 인간의 고유역량을 키워 줄 리는 만무하다.

IB 등의 해외 시스템을 통째로 도입하여 이식하는 것은 해법이 될 수 없다. 교육개혁을 이끌고자 한다면 교육의 존재 이유부터 파악하라. 백 년이라는 한 인간의 긴 항해에서 교육의 역할이 무엇인지 이해하는 것이, 진정한 교육의 시작이다. 한 방에 해결할 묘수를 찾기보다는 정확한 원인 분석부터 하는 게 책임 있는 교육 당국의 자세일 것이다.

4

산업자본이 앞장서는 실험적 교육

글로벌 교육사업과 인공지능 발전

요즘은 해외 선진국의 논술형 교육보다 산업 자본이 이끄는 실험적 교육 트렌드가 더 혁신적인 것으로 여겨진다.

일론 머스크가 2014년 자신의 자녀들을 위해 만들었다는 애드 아스트라 스쿨이 대표적 사례이다. 실리콘 밸리 귀족 학교라고 불리며 비밀스러웠던 이것은 많은 사람들의 궁금증을 자아냈다. 그렇게 흥행에 성공한 애드 아스트라는 2020년 폐교하고 현재는 10~14세 나이의 아이들을 위한 아스트라 노바 온라인 스쿨(astranova.org)로 전환된 상태이다.

이외에도 대학 과정인 미네르바 대학과 학위 과정은 없지만, 창업 사관학교 같은 싱귤래리티 대학도 이와 비슷한 실험적 교육을 선보이고 있다. 우리도 이들을 본뜬 한국형 미네르바, 한국형 싱귤래리티가 생겨나는 추세이다.

아스트라 노바는 full-time 또는 part-time으로 활용할 수 있으며 교육 내용은 매 학기 바뀐다. 정규 교육이 아닐 뿐더러 과목이나 교육 내용에 대한 예측 가능성도 낮은 편이다. 그리고 일론 머스크가 공식적으로 관여하지 않음을 선언한다. 그럼에도 이 수업을 선택하는 사람들은 여전히 교육 주체에 대한 신뢰와 기대감이 작용하는 것으로 보인다. 또한, 고등학교 진학 시 추천서나 성적증명서를 제공할 수 있다고 하니 정규 교육의 보완과 사회적 인정도 장점일 것이다. 이외에도 아스트라 노바는 커넌드럼(conundrum)이라는 퀴즈 서비스를 제공하고, 신테시스(synthesis.com)라는 팀 씽킹 게임 및 인공지능 튜터링 서비스를 분사시켰다.

신테시스 게임은 이름에서도 알 수 있듯이 여러 명이 협력하는 전략적 플레이를 통해서 하나의 프로젝트를 완성해야 한다. 공개된 일부 사례를 보면, 경매를 통해 미술 전시회를 기획하고 그것을 전 세계 다른 도시로 투어하는 게임을 제공하며, 학교는 학생들의 출석과 수익을 추적하고 그들의 예술 큐레이션의 질에 따라 평가한다고 한다.

커넌드럼은 온라인 소통 플랫폼 ClassDojo를 통해서 전 세계 누구나 학습에 활용할 수 있다. 커넌드럼은 기업에서 디자인팀, 엔지니어링팀, 마케팅팀, 제조팀 중에서 한정된 자원을 어디에 투자해야 할지를 묻는 등 실제 있을 법한 다양한 의사 결정 상황을 설정하고 참여자들이 자신의 결정을 답하는 형태이다.

대체로 뭔가를 가르친다기보다는 학생들에게 문제 상황을 주고 해결하도록 요구하는 실전 훈련에 가깝다. 따라서 이곳은 이미 어학과 의사소통 능력 그리고 충분한 상식을 갖춘 우수한 인재들이 지원할 수밖에 없는 구조이다. 아마도 지원자들은 이 과정을 통해서 문제 해결 역량과 협업 능력 같은 것이 업그레이드되길 기대할 것이다.

미네르바 대학은 온라인 사진 인쇄 기업 스냅피쉬 CEO였던 벤 넬슨이 설립한 100% 온라인 기반 대학이다. 비디오 채팅 기반 온라인 가상 플랫폼인 액티브 러닝 포럼을 사용하여 수업이 진행되는데, 인공지능 시스템이 학생의 음성을 인식해 수업을 지원한다고 한다.

세계에서 가장 합격률이 낮으며 진취적이고 창의적인 학생들이 합격하는 것으로 알려져 있다. 전 세계 도시를 순회하며 각 지역의 기업이나 단체와 협업하는 프로젝트를 수행하고 글로벌 IT 기업 인턴십 프로그램에 참여할 수 있어 선호도가 높다. 커리큘럼은 캡스톤 프로젝트 위주이며 4학년 신테시스(sysnthesis) 단계에서는 자신만의 창의적 결과물을 만들어야 한다.

싱귤래리티 대학은 알파고를 개발한 구글 기술 이사인 레이 커즈와일이 2008년 설립했는데 나사(NASA)가 부지를 제공하고 구글이 자본을 댔다고 알려져 있다. 그들의 글로벌 솔루션 프로그램(GSP)은 10주간의 기숙 프로그램으로 참가자들이 팀을 이뤄 신기술을 적용하고 글로벌 이슈를 해결하는 훈련에 집중한다. 세계적인 기업가와 영재들이 치열한 경쟁을 뚫고 입학하여 이곳에서 신기술을 공부하고 사업 아이디어를 발전시키고 있다.

　세계 곳곳에서 벌어지고 있는 이러한 실험적 교육 트렌드는 우리를 흥분시키기에 충분하다. 온라인 기반의 인공지능 학습 플랫폼, 팀원 간의 협업, 캡스톤 프로젝트, 최첨단 신기술 체험, 인턴십이나 창업으로의 연결 등, 뭔가 기존 교육의 틀을 깨부수면서도 승승장구하고 있으니 그렇지 않아도 교육 불안에 시달리는 사람들을 들썩이게 하는 건 당연하다.

　이들 학교의 공통점은 막강한 글로벌 IT 산업 자본이 직접 설립하고, 신기술을 접목한 문제 해결 프로젝트 교육에 집중한다는 것이다. 기존 교육에의 투자가 아니라 정규 교육과정 밖에서 실험적 학교의 형태로 산업 자본이 몰린다는 점에서 이례적인 현상이다. 그런데 정신없이 바쁠 글로벌 기업가들이 갑자기 새로운 학교 설립에 앞다투어 뛰어들고 있는 것에 의문을 품는 사람은 많지 않은 것 같다.

　이 시대 글로벌 기업들의 최대 관심사는 두말할 나위 없이 인공지능이다. 데이터는 인공지능의 먹이이기 때문에 그들은 데이터 확보에 사활을 걸어왔다. 이것이 기업들이 분야를 망라하고 고객과 직접 연결된 플랫폼 기업을 추구하고 적자 행진에도 불구하고 플랫폼 사업을 이어 가는 이유이기도 하다.

　다행스럽게도 사람들이 자발적으로 24시간 네트워크에 연결되어 콘텐츠 소비 및 생산자의 역할을 충실히 해 준 덕분에 기업들이 확보한 데이터는 하루가 다르게 인공지능을 성장시켰다.

실제로 싱귤래리티 대학의 설립자 레이 커즈와일은 2005년『특이점이 온다』를 출간하여 특이점(싱귤래리티) 개념을 대중화한 장본인이기도 한데, 최근에는 인공지능의 급속한 발전으로 예상보다 특이점이 더 가까워졌음을 알리고 있다.

일론 머스크가 참여하는 오픈 에이아이(Open AI)는 2022년 12월 1일 세계를 떠들썩하게 한 대화 전문 인공지능 챗봇인 'ChatGPT'를 공개하고 계속하여 새로운 버전을 선보이고 있다. 이는 생성 모델이 적용되어 문서, 예술 작품 등 요구되는 것을 척척 만들어 낸다고 한다. 최근에는 구글도 경쟁적으로 챗봇 '바드'를 공개하면서 본격적인 생성형 AI 시대가 개막되었다. 인공지능 기술이 인간의 데이터를 기반으로 꽤나 빠르게 성장하는 모양새다.

공교롭게도 인공지능 발전을 선도하는 구글, 오픈 에이아이, 뉴럴링크의 기업가들이 혁신적 교육의 선봉에 서 있는 것은 과연 우연일까.

인공지능 전문가들이 어느 날 갑자기 인간을 위한 참교육에 동시다발적으로 열광하게 되었을 리는 만무하다. 인공지능 전문가인 그들이 글로벌 교육 사업에 앞다투어 뛰어드는 것은 그들에게 필요한 것이 바로 교육 현장에 있기 때문이라고 보는 게 훨씬 합리적일 것이다.

특이점 경쟁과 교육

인공지능의 처리 능력은 이미 인간의 이해를 넘어섰다고 주장된다. 인공지능은 딥러닝을 통해서 스스로 알고리즘을 만들어 내고 있으며 이 전체 로직을 이해하고 제어할 수 있는 인간은 아무도 없다고도 한다. 또한 '특이점'이라는 것은 자체적인 기술 번식이 가능한 전혀 다른 차원의 기술로까지 묘사된다.[9]

레이 커즈와일 같은 인공지능 전문가들은 특이점이 마치 인공지능 기술의 정해진 운명인 것처럼 말한다. 그러나 인간을 능가하는 인공지능의 출현은 여전히 공상 과학에 더 가깝다.

인간이 제공하는 데이터를 학습하여 주어진 문제를 해결하는 약인공지능 정도라면 이미 충분히 만들어 왔고 활용 가치가 있다. 그러나 인간을 넘어서는 특이점이라면 인간이 스스로 해낼 수 있는 일이 아님은 자명하다. 세상의 어떤 존재도 자신의 역량을 넘어서는 일을 해낼 수는 없는 법이니 말이다. 아무리 자신에 대한 이해가 완벽하다 해도 그것을 뛰어넘는 것은 불가능하며 그것을 뛰어넘었다고 생각되는 것은 잠재력에 대한 착각일 뿐이다. 그런데 현대인은 자신을 이해하는 것조차도 못하고 있다.

그럼에도 기술자들이 인간을 넘어선 '지능'을 말하려면 적어도 인간

9 『호모 데우스』(미래의 역사), 80p, 538p, 539p, 유발 하라리, 김영사 참조.

과 동일한 수준의 '강인공지능' 정도는 달성한 뒤여야 할 것이다. 사실상 인간의 지성을 가진 인공지능의 출현도 불가능한 마당에 특이점이라고 한다면 그것이 공상이 아니면 무엇인가.

방대한 데이터를 신속히 분석하는 것에 만족하지 않고 굳이 인간처럼 생각하는 기술을 원하는 현실적 필요와 이유부터 빈약하다. 대체 특이점은 누가 왜 원하는 것인가. 왜 기술이 인간을 넘어서야 한다는 것인가.

이러한 의문을 갖는 사람은 드물다. 누군가에 의해 특이점이라는 이정표가 세워지니 서로 앞다투어 그 방향으로 달리고 있을 뿐이다.

현대는 물질에 경도된 시대이므로 유능한 과학의 활약에도 불구하고 인간의 정신 작용에 대해서는 그 어느 때보다 무지할 수밖에 없다. 무식해서 용감한 것인가. 현대 과학기술은 인간을 모르면서도 인간을 뛰어넘는 것을 목표로 설정하였다.

과학이 아는 현상과 물질의 범위 안에서는 인간을 온전히 파악할 수 없다. 인간 사고와 의식의 전말을 알지 못한다면 특이점은 고사하고 강인공지능도 입에 담을 수 없다. 갤러리가 아닌 실제 플레이어라면 이 기술적 한계를 부정하지 못할 것이다. '계산'이 아니라 '지능'이라는 말이라도 계속 쓰려면 인공지능은 아직 갈 길이 멀다.

비유하자면, 알에서 병아리가 부화하는 것은 자연의 법칙이다. 그런데 부화하는 본능을 상실한 알이 있다고 하자. 그 알이 스스로 부화할 생각은 안 하고 알껍데기 안에서 자신과 비슷한 것을 만드는 데 몰두하고 있다면 어떨까. 부화해야 할 알들이 모두 자신의 일을 잊어버린 채 이 엉터리 기술이나 배우고 언젠가는 자신이 만든 가짜 알이 부화할 것이라고 믿고 있다면 과연 온당한 일인가. 지금 우리가 인공지능과 특이점을 대하는 이치가 그러하다.

자신의 역할을 망각한 사람들은 인공지능 기술에 무슨 심오함이 있을 것으로 기대한다. 하지만, 인공지능이 데이터 분석 기계 이상의 것을 향한다면 그것은 마술에 불과할 것이다.

언어의 의미를 알 길 없는 알고리즘이 의미 있게 보이는 것을 만들어 내야 하니 그 중간의 간극을 무슨 수를 써서라도 메워야 하는 것이 인공지능 기술의 실체이다. 마치 마술사가 하는 일과 같다. 알고리즘의 전체 로직을 아무도 알 수 없다고 공공연히 떠드는 무책임함도 마술이라면 신비함으로 포장될 것이다. 애초에 진짜는 존재하지 않고, 최종적으로 사람들만 속아 넘어가면 되는 것이다.

인공지능의 발전이란 무의미와 의미의 양단을 이어 주는 마술의 발전이다. 좀 더 빠르게 자동으로 그리고 더 그럴싸한 마술을 해낼 수 있도록 학습 기능을 강화하고 알고리즘을 조정하는 일에 불과하다. 알고리즘에게 인간의 표현이 의미 없는 디지털 신호에 불과하다는 사실은 아무리 기술이 발전해도 변할 수 없는 상수이기 때문이다.

따라서 오즈들이 적어도 미치광이가 아니라면 특이점은 달성하기 위한 목표가 아니다. 달성할 수 없더라도 인간을 능가한다는 거대한 목표를 세우는 것만으로도 인공지능 발전을 지속하고 인간의 권한을 인공지능으로 무사히 이전할 수 있는 명분이 생기는 것이다.

오즈들이 원하는 것은 특이점이 아니라 특이점이라고 믿는 것이다. 즉, 특이점은 오는 것이 아니라 선포하기 위한 것일 가능성이 크다. 인간의 권한을 인공지능으로 이전하기 위한 선결 조건인 셈이다. 물론 그 뒤에는 오즈들이 있다.

대다수 사람들이 이 과정을 간파하지 못한다면 머지않은 미래에 특이점은 선포될 것이다. 인간을 능가하는 것으로 보이는 인공지능은 반드시 출현할 것이기 때문이다. 인공지능이 발전해서가 아니라 인간이 퇴보함으로써 인공지능이 인간을 능가하는 것으로 간주되는 상황이 벌어질 가능성이 먼저이다.

지금처럼 인류의 메타역량이 잠자고 욕망의 비중이 더 증가한다면 인간의 생각은 점점 더 예측 가능하고 단순한 데이터 흐름을 만들어 낼 것이다. 욕망이 만들어 내는 결과라면 약인공지능으로도 충분히 예측할 수 있다.

유발 하라리는 시스템은 다운그레이드된 사람들을 선호하는데 시스템 처리 속도를 방해하지 않기 때문이라고 한다. 그래서 기수이부주의자들은 집중하고 꿈꾸고 의심하는 일을 하지 못하는 인간을 원한다

는 것이다.[10]

생각하지 않는 사람은 가치 판단 기준이 형성되지 않는다. 사람들의 욕망만 작용할 때는 어떤 자극에 어떤 반응을 보일지가 정형화된다. 이것을 학습한 인공지능은 사람처럼 판단하고 오히려 더 정확하게 판단한다고 여겨질 것이다.

특이점이 예상보다 가까워진다고 말하는 사람들은 굳이 밝히지는 않더라도 인간의 퇴보가 가속화하는 현상의 변수까지 고려하였을 것이 분명하다. 특이점을 말하면서, 절대적인 지적 수준 대신 단지 인간을 능가한다는 상대적 목표만 설정한다면 특이점은 기술 수준뿐 아니라 인간의 지적능력까지 고려해야 하는 다변수 함수일 수밖에 없다.

인공지능이 지금처럼 계속 발전하다 보면 기술은 어느새 더욱 단순해진 인간을 능가하는 지점과 만날 것이고 그것을 오즈들은 특이점이라고 선포할 것이다. 이후, 인공지능보다 못한 인간에게서 모든 결정 권한을 빼앗는 것은 시대적 요구가 될 것이다.

이 시대 기술자들은 특이점의 달성을 두 가지 과제를 통해서 접근하고 있다고 예상해 볼 수 있다. 하나는 인공지능 기술이 약인공지능 상태보다는 더 발전하여 인공지능이 정말 인간처럼 생각한다고 사람들이 느낄 수 있어야 한다. 그리고 나머지 하나는 인간이 더 어리석어

---

10 『호모 데우스』(미래의 역사), 497p, 유발 하라리, 김영사 참조.

져야 한다.

메타역량은 완전히 사라져야 하며 인간은 욕망에 의한 단순한 데이터 흐름만 만들어 내야 한다. 쾌락의 빈자리에서 인간의 생각이 시작되므로, 그 빈틈이 없도록 약물을 동원하여 생화학적 기제까지 제어한다면 예측 가능성을 극대화할 수 있다.

어이없게도 이것을 한꺼번에 해낼 수 있는 곳이 바로 교육 현장이다. 인간에게는 인공지능의 프로세스를 적용하여 메타역량을 제거하면서 그 훈련 데이터는 인공지능 발전의 귀중한 먹이로 사용할 수 있기 때문이다. 이것도 모자라 기술지상주의는 학생들의 생화학 기제를 바꾸는 것을 미래 교육의 대안으로 제시하고 있는데[11] 이 모든 것이 그저 우연의 일치이길 바랄 뿐이다.

진실이 무엇이건 인공지능 기술이 발전하려면 인간의 머릿속에서 벌어지는 모든 것이 인공지능을 위한 학습 데이터로 제공되어야만 한다.

인공지능은 경제 성장의 무한 동력이자 세상을 통합하고 지배할 수 있는 수단이다. 신의 권위를 빌려 통치했던 제정일치 사회가 현대에 와서 인공지능을 앞세워 재현되는 것을 사람들은 보게 될지도 모른다. 국민에게 의견을 묻던 정치가 빅데이터에 의견을 묻는 시대로 전환하는 것이다.

쉽게 말해, 인공지능은 알고리즘과 빅데이터를 기반으로 세상을 지

---

11 『호모 데우스』(미래의 역사), 64p, 유발 하라리, 김영사 참조.

배하는 기계이다. 이것을 만들어 파는 기업가들의 위상은 이제 세계 지배자로 격상된다. 이전 기업과는 전혀 다른 힘을 갖게 될 미래의 기업가들에게 인공지능 발전은 단순한 기술의 발전이 아니다. 따라서 그들은 인간으로부터 인공지능 학습에 필요한 것들을 저항 없이 대량으로 확보하는 일에 누구보다 앞장서게 될 것이다.

대중으로부터 인공지능의 먹이를 얻기 위해서는 인간이 자신의 일상과 생각을 모조리 업로드하고 공유하도록 해야 한다. 때로는 달콤한 콘텐츠로 때로는 새로운 시대에 낙오되면 안 된다는 불안을 자극하면서 인간이 온라인 세계와의 연결을 끊지 못하도록 해야 한다.

인공지능 시대를 거역할 수 없는 흐름이자 생존 경쟁으로 인식하게 된 사람들은 '커넥티드'를 모토로 삼고 대부분 시간과 활동 결과를 이 데이터 흐름에 투자한다. 인공지능을 발전시키고 있는 실체는 소수의 전문가나 기업이 아니라 대다수의 일반인인 셈이다.

인간이 더 이상 스스로 문제를 살피지 않게 되면, 평범한 일상의 습관이 인간의 독립된 가치를 훼손하고 인터넷에 연결된 생체 부품화의 길로 안내할 것이다.

인간이 이처럼 어리석은 거래를 하는 일은 역사상 반복되고 있는데, 이에 대해 유발 하라리는 유럽 제국주의의 전성기에도 원주민들이 고작 유색 구슬 따위와 섬을 통째로 맞바꾸었던 일을 상기시키면서 21

세기에는 이메일 서비스나 웃긴 동영상 콘텐츠를 대가로 개인이 자신의 값비싼 정보를 맞바꾸고 있는 현실을 조명한다.[12]

데이터 먹이사슬의 관점에서 인간은 인공지능의 먹이가 되고 있다. 인공지능을 이용하거나 지배하고 있다고 하는 착각이 존재의 위협으로 바뀌는 데에는 그리 많은 시간이 남지 않은 것으로 보인다. 온종일 네트워크에 연결되어 스스로 생각하지 않는 시간이 늘어나면 인간은 존재 가치와는 점점 더 멀어지고 그만큼 특이점은 가까워질 수밖에 없기 때문이다.

산업자본이 아예 교육 현장으로 달려가 가장 우수한 인재를 끌어모으고 자신들이 필요한 방식으로 인간을 반복 훈련시킬 수 있다면 그 경험들은 인공지능 알고리즘 개선에 매우 도움이 될 것이 분명하다.

현재 IT 거물들이 하필 교육에 관심을 가지는 것이 인간을 위한 것인지 인공지능을 위한 것인지는 알 수 없다. 다만 얼마든지 맘만 먹으면 학습자의 활동 결과를 인공지능 알고리즘을 위해 활용할 수 있는 환경이 그들을 위해 구축되어 있는 것만은 부인할 수 없을 것이다.

구글이나 틱톡 같은 플랫폼 업체가 고객의 개인 정보를 부당하게 수집 및 활용하여 종종 법의 심판대에 오르고 있지만, 학교에서 일어나는 학습 과정에 대한 데이터는 개인 정보와 무관하게 그 과정만으로 활용 가치가 있다는 점도 주목할 필요가 있다.

---

12 『호모 데우스』(미래의 역사), 467p, 유발 하라리, 김영사 참조.

만일 인간의 유효한 경험을 선점하기 위해 한시가 급한 산업 자본이 교육으로 눈을 돌린다면, 그리고 필요한 슈퍼 협력자를 스스로 양성하고 인공지능의 알고리즘 먹이까지 직접 생산해 낸다면, 과연 이 흐름을 사람들은 알아차리기라도 할 수 있을 것인가. 사람들은 진짜 문제가 뭔지는 모르면서도 누군가가 외치는 대로 몰려다니기 바쁘다.

한쪽에선 인공지능의 특이점 공포를, 다른 한쪽에선 실험적 교육의 문을 열어 놓으니 사람들은 또다시 앞다투어 경쟁에 뛰어드는 형국이다. 신기술을 먼저 선점한답시고 에듀테크 기반의 교육을 선택하고 학습 과정을 온라인에서 공유하면 혁신인 걸로 착각한다.

그러나 그렇게 연결되고 디지털화될수록 인간은 자신을 위한 진정한 학습의 기회를 잃고 점점 인공지능의 슈퍼 협력자가 되는 것으로 만족해야 할 것이다. 실험적 교육에 대해서도 메타역량을 질문함으로써 인간의 성장을 지켜 내는 지혜가 절실하다.

그들의 실험적 교육은 과연 다를까?

갑자기 교육 전문가가 되어 버린 IT 거물들은 이제 우수한 인재들의 학습 과정을 직접 모니터 할 수 있는 좋은 기회를 갖게 되었다. 글로벌 기업은 사람들이 선망하는 직장이다. 따라서 기업가들이 직접 팔을 걷어붙이고 나선 교육이 흥행에 성공하는 것은, 그리 어렵거나 놀랄 일도 아니다.

기존 패러다임과 다른 독자적 행보를 어렵지 않게 성공시킨다는 높은 화제성에도 불구하고 그들의 실험적 교육이 과연 인간의 진정한 성장에 도움을 주는 올바른 교육인지는 여전히 미지수이다.

그런데 그들의 실험 교육 아이디어는 이미 우리의 교육과정에서도 쉽게 만날 수 있다. 새로워 보였던 그들의 교육도 세계적 추세 안에 존재하고 우리 교육도 그에 발을 맞추는 것이다.

우리의 2022 개정 교육과정에는 다음과 같이 요즘 부쩍 흔히 듣게 되는 키워드들이 강조되고 있다.

「핵심 아이디어 중심으로 학습량의 적정화, 디지털·인공지능 기반, 디지털 소양, 협력적 소통역량, 절차적 문제 해결력, 학생 참여형·주도형 수업, 학습의 과정을 중시하는 평가, 실생활 문제 해결 과정」

우리 교육과정이 내건 상기 파편들의 맥락을 이어 보자면, 학교에서 주입하는 것은 줄이고, 학생들이 자기 주도적으로 협업하도록 하며, 디지털 인공지능 기술을 기반으로 실생활의 문제에 대해 절차적 문제 해결력을 기르고 학교는 그 학습 과정을 평가하겠다는 것이다.

학생에게 제공되는 학습 내용에 대한 관심은 줄고, 집단적으로 수행하는 문제 해결의 절차와 과정에 초점을 맞추고 있는 것임을 알 수 있다. 즉, 인간의 교육이 문제 해결 알고리즘을 지향하는 것이다.

글로벌 어젠다에 기반하기 때문에 2022 교육과정은 IT 거물들의 실험 교육 아이디어와 일치한다. 물론 대학 입시에만 관심이 집중되는 우리의 현실 때문에 이런 선언이 갖는 실제 교육 현장에서의 영향력은 크지 않겠지만, 우리의 교육과정과 글로벌 기업가들의 실험적 교육이 방향성만큼은 같다고 할 수 있다.

세계적 기업이 앞장서는 실험적 교육은 정규 교육을 보완하기 위한 독자적 노선을 가는데 그치지 않고 결국은 모든 교육의 방향 전환을 위한 마중물 역할을 하고 있다.

그렇다면 게임 체인저가 될지 모를 이 실험적 교육의 특징이 과연 바람직한지 살펴보아야 한다. 실험적 교육의 대표적인 세 가지 특징은 에듀테크, 팀 협업, 자기 주도의 문제 해결력이다. 판단 기준은 당연히 인간의 고유역량이자 총체적 지적역량인 메타역량을 강화하는 것인 가이다.

(1) 에듀테크(인공지능과 디지털 기반의 학습 도구)

인공지능 기반의 에듀테크라고 해도 당장은 기존의 디지털 학습 지원 시스템과 크게 다르지는 않을 것이다. 다만 차차 경험이 쌓이다 보면 좀 더 학습자 맞춤형으로 진화할 가능성이 있다는 점이 차이라면 차이다.

에듀테크의 가장 바람직한 활용은 양질의 학습 콘텐츠를 생산하고 이를 누구나 쉽게 접근할 수 있는 개방형 지식 플랫폼의 형태로 발전시키는 것이다. 기술이 학습 콘텐츠의 양과 질을 높일 수 있다면 기술에 기대할 수 있는 가장 유익한 일이 될 것이다.

그러나 그 밖에 인공지능이 맞춤형 학습 코칭을 한다거나, 교사나 학생 스스로 해야 할 판단 및 관리를 대신하고 문제 상황에 대한 솔루션을 제공한다는 식의 의사 결정 과정에서의 기술 개입은 경계할 필요가 있다. 설령 인공지능의 판단이 더 정확할지라도 학습자 스스로 판단을 하지 않는 한 메타역량에는 아무런 도움이 못 되기 때문이다.

누군가가 대신해서 길을 알려 주면 당장은 편리하다고 느낄 수 있지만, 결과적으로 나의 메타역량은 약화된다. 인간에게 메타역량과 바꿔도 좋을 가치는 없다.

유발 하라리는 인공지능 시스템이 나보다 나를 더 잘 알게 되면 사람들이 자신의 자유를 포기하고 자신의 권한을 그 시스템에 기꺼이 맡기게 될 것이라고 말한다.[13] 물론 당장 조금 더 나아 보이는 결정이 필요한 사람이라면 인공지능 서비스를 선택하여도 무방하다. 그러나 교육 활동에서는 사정이 다르다. 학습뿐만 아니라 교육에서의 모든 활동이 교육이며 고유역량에 영향을 미친다.

---

13 『호모 데우스』(미래의 역사), 463~465p, 유발 하라리, 김영사 참조.

인간은 시행착오와 창의성을 바탕으로 방향성이라는 가치 기준을 정립해 나가고 그것을 잣대로 문제를 찾는 존재이다. 이것이 메타역량에 의한 인간의 고유 작용이며 기계가 흉내 낼 수 없는 현상이다.

인간은 정답을 내야 하는 컴퓨터가 아니므로 오답을 두려워할 게 아니라, 생각의 사이클이 멈추어 내면에 아무 가치 기준도 갖지 못하는 것을 두려워해야 한다. 문제를 찾는 인간의 고유 작용은 부단한 실패와 함께 성장한다. 오답이 두려워 혹은 더 좋은 답을 찾아 인공지능에 판단을 맡긴다는 것은 인공지능 서비스를 얻는 대가로 자신의 성장을 포기하는 것과 같다.

인공지능을 앞세운 에듀테크가 인간의 시행착오를 에러쯤으로 취급하고 처리 효율만 강조하는 것은 인간의 성장을 방해하는 것이다. 에듀테크의 무분별한 확대 도입을 경계할 필요가 있다.

특히, 대면 수업에서는 굳이 인공지능이나 디지털 시스템의 학습 관리가 필요하지도 않다. 학생의 학습 과정이 외부 시스템에 공유되는 것도 바람직하지 않은데, 이왕 학습하는 거 인공지능도 발전시키자는 취지라면 솔직하게 학습자에게 정보 활용 동의를 구하고 부분적으로 진행할 수 있을지는 모르겠다. 그런 게 아니라면 학생의 학습 활동을 관찰하고 관리하는 것은 교사가 더 잘할 수 있으며 당연히 교사가 직접 해야 할 일이다.

일반적 경우라면 눈앞에 펼쳐지는 수업에서 누가 참여도가 높았는

지를 군이 인공지능에 물어보는 것 따위는 필요 없을 것이며 인공지능의 판단이 전적으로 옳을 수도 없다. 만일 수업 내용에 깊게 몰두하느라 한마디 말도 못 하고 고개를 숙이고 있었던 학생이 있다면 그 학생은 과연 잘못이 있는가? 아니면 학생이 자신의 내면적 상태까지 일일이 인공지능 시스템에 주기적으로 보고해야 하는가? 아니면 학생의 두뇌와 컴퓨터를 칩으로 연결하는 뉴럴 링크 기술이라도 이용해야 하는가?

교사와 학생이 직접 소통하면 될 일을 가지고 군이 인공지능을 경유하는 과정을 추가해야 할 필요가 있을까? 이는 마치 사람이 직접 간단하게 할 수 있는 일을 군이 복잡한 기계의 힘을 빌려 더 어렵게 처리하는 골드버그 장치처럼 우스꽝스럽고 번거로운 일이 될 것이다.

학습은 이치를 깨닫는 과정에서 무엇보다 교사와 학생 그리고 학생과 학생 간의 직접적인 소통이 중요한 요소이다. 에듀테크가 학습에 과도하게 개입하게 되면 컴퓨터 몰입만 유발하고 교실에서의 자연스러운 소통은 막게 된다.

마치 생체 단말기처럼 네트워크에 연결된 상태에서의 학습이란 인간이 좀처럼 내면에 집중하기 어려운 환경일 뿐이며 교육의 혁신과는 거리가 멀다.

기술은 정확한 쓰임과 제한이 규정되어야 부작용을 막을 수 있다. 학습 콘텐츠 제공 외에 에듀테크에 과도한 역할을 부여한다면, 도움은

커녕 인간의 온전한 학습을 방해하고, 교육 현장은 새로운 시스템을 도입하고 적응하느라 시간과 비용만 낭비할 공산이 크다. 교육행정정보시스템(NEIS) 사례에서도 보듯이 대부분의 디지털 시스템 도입이 처음의 기대와는 달리 얼마나 더 인간의 시간을 빼앗아 가는지는 굳이 설명이 필요 없을 것이다.

신기술에 대한 무조건적 환상으로 에듀테크를 학습의 필수 도구나 혁신 교육의 잣대로 여기고 그 도입을 당연시하는 흐름은 바람직하지 않다.

에듀테크의 무분별한 확대 도입은 학습의 게임화를 가속하고 생각을 통해 성장하는 진지한 학습의 기회를 더욱 줄일 것이다.

기술은 변해도 인간의 성장 방식은 변하지 않는다. 자연이 부여한 인간의 고유역량이 달라질 수 없듯이 인간에게 필요한 학습 방법 역시 기술이나 시대에 따라 달라지는 것이 아니다. 교육에서 유행 따위는 중요하지 않다. 아무리 음식이 변하고 식생활 문화가 달라져도 결국 먹고 소화하는 자연의 방법은 변할 수 없는 것처럼 인간의 학습법도 그러하다.

교육이 에듀테크의 발전을 위한 학습 실험이 되어서는 곤란하다. 인간이 아닌 기술의 시행착오를 위해 교육과정이 존재하는 일이 있어서는 안 된다. 학습자가 얻는 것도 없이 교육 현장을 신기술 실험장으로 만들어 혼란만 가중해서는 안 될 일이다.

"그래서 그것이 결과적으로 인간의 메타역량을 강화시키는가?"라고 묻는다면 판단은 더욱 명확해진다. 이 시대가 원하는 것은 인간이 제 할 일을 스스로 해내는 것이기 때문이다.

(2) 팀 협업

팀 협업은 과연 인간에게 유익할까?

혁신을 내세우는 교육일수록 혼자보다는 여러 명이 함께 협력하는 것을 굉장히 좋게 보는 경향이 있다. 물론 혼자서 할 수 없는 일은 협동하여 해결해야 한다. 그러나 함께할 것인가 혼자 할 것인가는 일의 성격에 따라서 결정할 일이지 무조건 같이한다고 해서 좋은 것은 아니다.

예를 들어서 집을 짓는다면 여러 전문가가 협업하는 게 효율적일 것이다. 그런데 어떤 이치나 원리를 이해하는 지적 활동이라면 대상을 쪼개어 일부만 학습해서는 각자가 필요한 수준에 도달할 수 없다. 마치 한 공기의 밥을 여러 사람이 나누어 먹은 것처럼, 분할된 만큼의 지식만 남을 뿐이며 지식이 분할되면 아예 무의미한 것이 되어 버릴 수도 있다.

협업을 통해서 누군가가 목표로 한 완성된 결과물을 만들어 낼 수는 있겠지만 개개인의 입장으로 보면 하나의 부품처럼 쓰이고 거기서 습득한 지식 역시 일부에 불과하다. 총체적 지식만이 가져다줄 수 있는 경험과 통찰에 도달하기는 어렵다.

기본적으로 인간의 학습은 개개인의 지적 성장을 위한 것이어야 한다. 지식은 내가 직접 섭취하고 혼자만의 소화 시간이 있어야만 내 것이 된다. 따라서 협동 자체가 목적인 게 아니라면 학습에서 팀 협업을 지나치게 강조하는 것은 역효과만 일으키기 십상이다. 무분별한 팀 활동은 개인의 깊이 있는 학습을 방해할 수 있으며, 결과적으로 메타역량을 약화시킨다.

　실제로 여럿이서 작업하면 바쁘기만 하고 의외로 얻는 게 없다는 경험을 하소연하는 경우가 많다. 또한, 협업으로 인한 결과가 한 개인이 이루어 낸 성과보다 품질 관리가 안 될 수도 있다. 공유지의 비극처럼 공동 작업물에 대해서도 약한 주인 의식과 함께 관심과 애정이 부족해지기 마련이다.

　사실, 팀 단위의 협업 활동은 분산처리 시스템이어야 하는 인공지능의 로직에 더 적합한 것이며, 개인의 성취보다는 최종 합성된 결과물이 중요한 경우에 시도해 볼 만한 방법이다. 대부분의 학습에서 개별 학습이 더 효과적인 것을 모르는 사람은 없을 것이다.

　우리 교육과정이 강조하는 '협력적 소통역량' 역시 스포츠나 봉사 활동 등 협력이 필요한 다른 활동을 통해서 길러야 한다. 각자의 내면 반응이 중요한 지적 활동의 과정에서는 굳이 협업을 강조할 이유가 없다.

　인간은 전체의 일부가 아니라 각자가 전인적 성장을 추구하는 독립적 존재이며 메타역량을 강화하기 위해서는 충분한 개별 학습 시간의 확보가 무엇보다 중요하다. 교육에서 유행처럼 협업을 외쳐 대는 획일성은 인간의 완성을 방해하고 부품화를 가속화할 위험이 있다.

(3) 자기 주도의 문제 해결력

혁신을 표방하는 교육일수록 문제 해결을 강조한다. 학생에게 다양한 상황을 던져 주고는 문제를 융합적인 지식으로 해결하라고 한다. 이런 것을 해 본 적 없는 우수한 두뇌들은 성장을 위한 기회로 여기면서, 한 번도 관심 없었던 주제에 골몰하며 해 보지 않은 새로운 도전에 적응하려 애쓴다.

그러나 이런 식의 문제 해결 훈련은 인간의 성장 방식과는 상당한 괴리가 있다. 인간의 메타역량을 위해서는 문제 해결보다는 문제를 찾는 과정에 더 큰 비중을 두어야 한다. 문제 해결 방법 역시 원인 분석을 통한 변화의 방향성이라는 기준 위에서 규정되어야 한다. 즉, 메타 사이클을 통해서 더 나은 문제를 정의하는 능력을 키워야만 인간의 고유역량을 강화할 수 있는 것이다.

대부분의 문제 해결 프로젝트는 문제를 찾는 과정보다는 문제를 해결하는 데에 중점을 두고 있다. 문제 해결 과정을 중시하므로 더 근본적이고 중요한 문제에 다가갈 기회는 자연스럽게 차단된다.

비록 문제를 정의하는 단계가 있다고 해도 이는 협업을 위한 문제 이해의 절차일 뿐이어서 문제를 도출하는 메타 사이클의 활동이 없다는 점은 기존 교육과 다를 바가 없다. 주어진 문제 또는 어느 정도 범위가 정해진 문제를 대상으로 한다. 해결도 기존의 정해진 툴이나 환경을 활용하도록 하며, 융합은 다양한 해결 수단의 융합을 의미한다.

스스로 문제를 정의하고 다양한 해결 방안을 모색하라고 하지만, 냉정하게 평가하자면 물고기를 잡아 주던 교육에서 실내 낚시터에 데려가 낚시를 할 자유를 준 정도의 변화에 불과하다고 할 수 있다. 기존 질서라는 높은 담장은 그대로이지만 과정을 관찰하기 위해 그 안에서 좀 더 적극적이고 능동적인 협력자가 되길 바라는 것이다.

다양한 상황에서 전개되는 신기술 적용 훈련이라는 말이 어울리는 과제들이 대부분이며, 문제 원인 분석을 깊게 하지 않는다는 공통적 특징이 있다. 원인과 무관한 해법이란 것은 변화의 기준이 대상의 존재 이유보다는 누군가의 욕망임을 의미한다. 참여자의 기대와는 달리, 진정한 성장에는 도움 되지 않는 것이다.

예를 들어서, 어떤 기업이 효과 좋은 해열제를 새롭게 개발했다고 하자. 제약사에게는 열이 발생한 근본적 이유는 그다지 중요한 문제가 아니며, 신약을 투여함으로써 열이 안정적으로 잘 내리는지 증상 위주의 관찰이 필요할 것이다. 따라서 제약사는 해열 효과 검증을 위해 다양한 상황에서 더 많은 임상 시험을 하는 것이 의미 있을 것이다. 그런데 만일 이것이 문제 해결 교육의 형태로 진행된다면 학습자는 열이나는 다양한 문제 상황에서 정해진 해열제를 적용하는 문제 해결 과정만 반복 훈련하게 되는 것이다. 이는 원인 분석 과정이 생략되므로 메타역량과는 무관한 활동이며, 여기서 학습자가 얻어 갈 것은 신기술을 적용해 본 경험 외에는 없다고 할 수 있다.

문제 해결 프로젝트는 '문제 내는 교육'의 다른 이름에 불과하다. 문제 해결 프로젝트가 내거는 주문을 보면 '다양한 문제 해결 상황에 대해 스스로 문제를 인식하고 해결 방법을 탐구하여 자신만의 방식으로 과정을 실천하라.'이다.

얼핏 보면 스스로 문제를 인식하고 자신만의 방식으로 해결하라고 하니 기존 교육과는 꽤 달라 보인다는 착각을 할 수 있다. 그러나 문제 해결 상황은 주어지며 해결 방법을 위한 툴이나 실험 환경도 대부분 정해진다. 해결 방법이 아예 별도의 교육과정으로 마련되어 있기도 하다.

이는 마치 여러 개의 고장 난 의자와 수선 장비들을 옆에 가져다 놓고는 스스로 문제를 인식하여 해결하라는 말과 같다. 결국, 누군가가 가져온 의자를 고쳐야 하고 정해진 수선 장비를 사용해야 하는 기존 상황과 크게 달라지지 않은 것이다.

원인 분석을 통해 방향성을 찾아가는 메타 사이클의 여정이 생략된다면 인간의 고유역량에는 아무런 도움이 되지 못한다. 학습의 영역에 들어온 문제 해결 프로젝트는 메타 사이클 같은 것은 처음부터 설계하지도 않았다. 기존 반교육의 확장판에 불과함에도 매우 혁신적인 것으로 포장하고 있을 뿐이다.

인간의 학습은 고유한 지적역량을 강화하는 것이고 지적역량의 요체는 메타역량이다. 메타역량은 원인 분석을 통해 대상의 방향성을 파악하고 이를 기준으로 문제를 찾는 능력이다. 단, 원인 분석은 표면적인 원인에서 그치지 않고 그 너머의 근본 원인까지 계속 파고들어야만 정확한 방향성을 알 수 있다.

메타 사이클처럼 결과에서 원인으로 거슬러 올라가며 탐구하는 과정을 상향식 사고 과정이라고 하면, 배운 것을 가지고 활용력을 키워 아웃풋을 내는 문제 해결 프로젝트 활동은 하향식 사고 과정이라고 할 수 있다. 즉, 문제 원인을 깊게 파고드는 메타 사이클과 대중적 해법을 추구하는 결과 중심의 문제 해결 프로젝트는 지향점이 서로 다르다.

상향식 과정을 무시한 채 활용과 적용만을 강조하는 하향식 교육과정으로는 인간의 특기를 성장시킬 수 없다. 물론 현실에서는 문제 해결을 위한 하향식 활동이 반드시 필요하다. 그러나 학습 과정에서 상향식 사고가 충분하지 않으면 인간의 고유역량은 성장하지 못한다. 높은 시야에서 문제를 바라보지 못하고 그저 주어진 문제만 해결하는 머리 좋은 동물에 그치고 마는 것이다.

문제 해결이라는 미명 아래서 정말 중요한 문제를 찾아내는 인간의 고유역량은 오히려 약화되고 있다.

학습은 어디까지나 충분한 입력이 먼저다. 자기 주도라는 것을 잘못 이해하면 입력의 중요성을 무시하게 되는 경향이 있다. 입력을 우선한다는 면에서는 이상한 실험적 교육보다는 차라리 우리가 손가락질하는 주입식 교육이 오히려 더 안전할지 모른다. 단편적 지식만 전달하는 게 문제지 지식의 제공 행위 자체가 잘못된 게 아니기 때문이다.

메타 사이클을 위해서는 충분한 입력이 우선이며, 이때 양질의 콘텐츠를 제공해 주는 것이 교육의 첫 번째 존재 이유이다. 섣불리 자기 주도라면서 문제 해결 훈련만 시키는 것은 결코 교육적이지 않다. 내 아이에게 좋은 것만 먹이고 싶은 부모의 마음처럼 교육의 해법은 사실 누구나 본능적으로 알고 있고 간단한 것일 수 있다.

문제 해결 프로젝트니 캡스톤 디자인이니 하면서 하향식 문제 해결을 강조하는 교육은 얼핏 보면 액티브해 보이고 그것을 하지 않으면 마치 뒤처지는 게 아닌가 하는 불안마저 주는 게 사실이다. 그러나 정작 문제를 찾는 능력이 계발될 수 없다는 점에서 기존 교육과 별반 다를 게 없다는 것을 알아차려야 한다. 게다가 자기 주도라고 학습량까지 줄인다면 교육이라는 말이 무색한 지경에 이르게 된다.

산업 현장도 아닌 교육에서 문제 해결을 강조할 이유가 없다. 필요한 입력만 제때 이루어지면 학습자는 알아서 성장한다. 실험적 교육은 학습자에게 다양한 문제 상황을 해결하도록 요구하기 전에 과연 충분한 입력은 있었는지 자문해 보아야 한다.

*　*　*

실험적 교육의 특징들은 인간의 성장 방식을 고려하지 않으며 결과적으로 메타역량을 약화시킬 가능성이 크다.

알고리즘 개선이 시급한 인공지능을 위해서라면 문제 해결 과정을 반복 훈련하는 '절차의 학습'이 중요할지도 모른다. 그러나 인간의 성장을 위해서는 문제 해결보다는 문제를 찾아가는 원인 분석이 먼저다. 말하자면, 인간에게 필요한 것은 메타 사이클이라는 알고리즘을 돌릴 콘텐츠이지, '절차적 문제 해결력' 같은 알고리즘 자체가 아니란 얘기다. 인간을 위한 학습이라면 양질의 학습 콘텐츠가 우선되어야 한다.

그나마 이런 작업을 협업하게 한다면 개인이 얻을 것은 더 적어진다. 주어진 문제 상황에서 한정된 기술 자원으로 해법 찾기에 바쁘다면 결국 문제 해결이란 인간의 메타역량을 억압하는 과정에 불과하다. 이것은 성장이나 학습이 아니라 반복과 소모이다. 그나마 신기술 활용 경험이나 프로젝트 활동이 대입이나 취업에 도움이 되었으면 하는 짧은 기대만이 얻을 수 있는 전부라고 볼 수 있다. 인생이라는 무대에서 학습의 역할을 바라볼 수 있는 장기적 안목이 필요한 시점이다.

인간의 지적 활동은 아주 적시에 정교하게 설계되지 않으면 마른 우물에서 물을 길어 올리려는 것처럼 소모적인 일이 되기 쉽다.

IT 거물들이 내놓은 실험적 교육은 인간의 고유역량과는 무관한 것을 가르치며 교육 현장을 학습과학의 실험장으로 만들고 있다고 할 수 있다. 인공지능과 인간의 학습을 구분하지 않고 마구 뒤섞어 놓고 있기 때문이다. 미친 듯이 다양한 문제 상황을 제시하면 학생들은 기계처럼 하향식 알고리즘을 돌려야 하며, 학교는 그 알고리즘의 전개 과정을 평가하고자 한다.

에듀테크 기반의 문제 해결 과제를 여럿이 협력하여 수행한다고 해서 혁신적 교육이 아니다. 인간이 어떻게 생각하고 학습하며 행동하는지가 궁금한 인공지능 전문가라면 그러한 과정이 의미 있겠지만, 메타역량을 발달시켜야 하는 인간에게는 오히려 퇴보의 시간이 될 것이다.

인공지능과 빅데이터의 허상

인공지능의 발전으로 의기양양해진 사람들은 인간에 대한 도발적 질문을 서슴없이 던지고 있다.

그들은 기술이 인간을 위해 존재하는 게 아니라 인간이 기술의 완성을 돕는 부품이 되기를 희망하는 것으로 보인다. 유발 하라리는 인본주의로 인해 사람들이 마음보다는 일상적 경험을 신성시하게 되었다고 해석하는가 하면, 인간의 가치를 정보 흐름쯤으로 정의하기도 한다.

그는 인간이 닭보다 우월한 점은 정보 흐름의 패턴이 더 복잡하다는 것밖에 없다면서 인간보다 더 효율적으로 데이터를 처리하는 시스템(인공지능)이 있다면 인간보다 우월하지 않냐는 질문을 던진다.[14] 기술지상주의자들이 가지고 있는 인공지능에 대한 환상이 무엇인지 잘 보여 주는 대목이다.

또한, 유발 하라리는 '데이터교'를 소개하는데, 이는 만물이 데이터의 흐름으로 이루어져 있다고 믿는 것이다. 실리콘 밸리를 발원지로 하는 이 개념은 이미 과학계의 대부분을 정복했다고 하니 과학도 특정 믿음으로 뭉치는 종교인 셈이다. 어쩌면 가장 성공한 종교는 교회의 담장을 넘어 사람들의 일상 어디에서나 마주칠 수 있는 유행 같은 것인지도 모른다.

데이터교는 전자 알고리즘의 발전과 함께 탄생하였다. 모든 것을 전자 알고리즘이 처리할 수 있는 데이터 흐름으로 파악하기 때문에 이 종교는 동물과 기계의 장벽도 부정한다. 교도들은 전자 알고리즘이 생화학적 알고리즘을 대체할 것을 믿는다. 결국, 그들은 전자 알고리즘 즉, 인공지능이 신이 되는 세상을 꿈꾸는 것이다.

인공지능과 빅데이터의 허상이 지배하는 시대의 씁쓸한 단면이 아닐 수 없다.

자연의 존재들은 저마다 타고난 역량과 욕망을 통해서 자연과 연결되어 있다. 즉, 자연의 존재가 하는 일은 어떤 형태로든 자연에 합류하

---

14 『호모 데우스』(미래의 역사), 463p, 487p, 503p, 522~523p, 유발 하라리, 김영사 참조.

여 영향을 미친다.

인간은 자연을 본떠 많은 것을 만들어 내지만 결정적으로 그것을 자연의 탯줄에 연결할 수는 없다. 겉으로 보기에는 비슷해 보이고 유사한 기능을 수행한다 해도 인공물은 자연의 프랙털에서 벗어나 있다. 인간이 자연을 흉내 낼 수는 있지만, 그것에 자연성을 부여할 재주는 없는 것이다.

이처럼 '인공'이라는 말이 붙은 것들은 인간의 필요에 종속되어 인간이 지정한 역할을 수행할 뿐이다. 인공지능 역시 자연과의 연결 고리가 있을 리 만무하다. 아이에게 주어진 장난감처럼 자연이 볼 때 인공물이란 인간이 가지고 노는 장난감에 불과할 것이다.

또한, 인간이 자신의 데이터 흐름보다 더 복잡한 물건을 만들었다면 그 공은 인간에게 있는 것이지 물건이 칭찬받을 일도 아니다. (전자 알고리즘이 인식한 데이터 흐름에 대한 가치 판단은 유보한다.) 그리고 그 결실을 취할지 말지 결정할 권한 역시 인간에게 있다. 그런데 불필요하게 신기술에 대한 공포심을 조장하고 인공지능과 인간을 경쟁시키는 것은 마법사 뒤에 숨은 오즈가 되고 싶은 사람들의 교란 작전이라고 봐야 한다.

인공지능은 정보를 찾고 분석하는 데 허비하는 시간을 획기적으로 줄여 줄 수 있다는 점에서 인간에게는 매우 유용한 기술이다. 그러나 알고리즘이 가치 판단과 의사 결정의 영역까지 넘어오게 되면 문제는 달라진다. 액셀 대신 브레이크를 밟아야 할 타이밍이 온 것이다.

인공지능의 판단 기준은 빅데이터가 주는 치명적인 한계를 가지고 있다. 이것을 아무도 지적하지 않으면 머지않은 미래에 인류는 오즈들에 의해서 벼랑 끝으로 내몰린 자신을 발견하게 될 것이다.

유발 하라리는 인공지능이 인간의 견해와 욕망을 잘 예측하는 것은 인간이 제공하는 데이터 덕분이라고 하면서 그러한 인공지능 시스템에게 사람들은 의사 결정 과정의 대부분을 기꺼이 넘기게 될 것이라고 예측한다. 또한, 국민의 의견을 따르는 민주적 투표 같은 자유주의적 관행들도 곧 폐기될 운명이라고 말한다.[15] 과연 인간은 자신의 미래를 인공지능에 맡길 것인가? 그 선택은 아직 대다수 비교도들의 몫이다.

빅데이터의 한계를 무시하고 인공지능에 과도한 역할을 부여하는 것은 인류 종말을 향하는 무리수이다. 결코, 도달할 수 없는 목표임에도 알고리즘에 '의사 결정'이라는 이정표가 세워진다면 기술자들은 결국 인공지능이 아닌 인간을 개조하는 길을 선택하게 될 것이다. 그것이 호모 데우스식의 미래이다.

인공지능은 데이터 수집과 분석에 특화된 기계이다. 인간이 자신의 메타역량을 발휘하여 문제를 찾고자 한다면 인공지능의 처리 결과는 현재의 잘못된 궤적을 발견하는 데에 큰 도움이 될 수 있다. 그러나 데이터교 사제인 오즈들은 이것에 만족할 생각이 없다.

---

15 『호모 데우스』, 461~463p, 유발 하라리, 김영사 참조.

인공지능은 모든 결정 권한을 가진 신이 되어야 한다. 신을 능가하는 신도란 있을 수 없듯이 인공지능이 신이라면 인간이 인공지능보다 못한 물질적 존재로 다운그레이드 되는 것은 당연한 수순이다. 인공지능을 위해서 인간은 생각을 멈추고 호모 데우스가 되어야 한다. 기술에 적절한 제동을 걸지 못하면 부작용을 피할 수 없는데 인공지능의 경우는 그것이 인류 종말이다.

인공지능을 제어하려면 인공지능의 한계가 무엇인지, 인공지능이 결정과 판단을 하는 것이 왜 허상인지 알아야 한다.

오즈들은 인공지능이 엄청난 재주가 있는 것처럼 홍보하지만 인공지능의 작동 기반은 외부에 표출된 반응 데이터가 전부이다. 전자 알고리즘은 데이터 간의 상관관계가 축적되지 않으면 데이터가 무슨 의미인지 알 길이 없다.

모든 것을 데이터 흐름으로 인식하는 것은 인공지능의 특기이자 한계이다. 인공지능은 인간의 외부 반응을 쫓아 그 의미를 파악할 뿐 스스로 생각할 수 없다.

아무리 기술이 발전한다고 해도 AI는 인간의 정신 작용을 이해할 수 없다. 가질 수 없다면 가치를 떨어뜨려야 한다. 기술자들은 알고리즘이 다루기 어려운 인간의 주관성이나 창의성 같은 능력들은 빈약한 데이터에 근거한 부정확한 휴리스틱으로 폄훼한다. 검증도 불가한 빅데이터만이 정확한 기준이고 그것에 연결될 수 없는 인간만의 능력은 무가치한 것이다. 프로크루스테스의 침대처럼 자의적이고 잔혹한 잣대가 아닐 수 없다.

데이터교의 인공지능이 모든 대상을 데이터 흐름으로 이해한다는 것은 대상의 실체가 데이터 흐름에 불과해서가 아니라 인공지능의 인식 수준이 거기까지여서이다. 파란 색안경을 끼고는 모든 게 다 파랗다고 주장하는 것과 같다. 처음부터 무의미한 신호를 처리하도록 만들어진 것이 컴퓨터 알고리즘이다. 그런 알고리즘에 대체 무슨 답을 원하는가.

박쥐는 초음파의 반사파로 대상을 인식하는데 박쥐를 기준으로 보면 만물은 다 진동 신호일 뿐이다. 만일 박쥐를 숭상하고 그 진동의 의미에 갇힌 종교가 있다면 그들은 인간을 진동수에 불과한 존재라고 폄훼하고 만물은 진동수만 다를 뿐 아무 차이가 없다고 선언할 것이다. 자기가 만진 코끼리의 일부가 코끼리의 전부라고 주장하는 어리석음에 대한 불교 설화가 현실에서 재현되고 있다.

인공지능의 인식 한계는 뚜렷하다. 대상이 무엇이든 인공지능 알고리즘에는 그저 무의미한 데이터 신호에 불과하다. 인공지능이 하는 일은 온라인에 연결된 대상들이 보인 반응 데이터 간의 상관관계를 수학적으로 분석하는 것이다. 그 반응이 올바른 방향인지 아닌지 계산 결과를 초월하여 판단할 인공지능만의 가치 기준은 없다. 신호의 의미를 알기 위해서는 늘 인간의 말단 반응을 좇아 비교 분석하는 게 인공지능 기술이 할 수 있는 전부이다.

자연 현상의 변화처럼 인간의 욕망이 지배하는 사회 현상 역시 데이터의 규모가 증가할수록 일정한 패턴을 보이며 예측 가능성을 높일 수 있다. 이것을 학습한 인공지능은 분명 인간보다는 정확한 판단을 할 것으로 기대할 수 있다. 메타역량이 잠자고 욕망이 주도하는 사회일수록 예측에서 벗어나는 일은 줄어들 것이며 그것을 빅데이터에 기반하여 판단할 수 있다면 그 정확성은 증가할 것이기 때문이다.

그런데 인공지능에 기대하는 정확성이란 무엇인가? 인간이 온라인에서 보여 왔던 반응 데이터의 총합이면 정답인가? 그 반응 데이터가 더 많아질수록 정확한 것인가? 인간의 족적이 최선의 기준인가?

메타역량이 사라진 현대인의 일상은 욕망이 주도한다. 욕망의 일상은 가야 할 궤도를 이탈한 오류의 연속이며, 그 일부가 온라인에 공유된다. 그러나 인간의 일은 여전히 그 오류를 인식하고 개선하는 것이다. 인간에게 오늘의 결과는 시행착오이며 그대로 반복할 것이 아니다. 그런데 인공지능에는 그것이 값진 데이터이고 규모가 커질수록 정확한 판단 기준으로 둔갑하며 인간의 미래를 그 빅데이터 안으로 구겨 넣으려 한다.

예를 들어서, 직장인이 아침잠과 전쟁을 벌이다가 간신히 기상한다. 가까스로 출근 준비를 하고 회사에 도착하여 모닝커피를 마시며

하루 스케줄을 확인한다. 오전에 거래처와 회의를 하고 오후에는 출장을 간다. 거래를 성사시키고 돌아와 야근하며 잔무를 처리한다. 그렇게 하루가 정신없이 흘러가고 고요한 저녁을 맞이하면 하루를 살아냈다는 안도감과 이런 반복되는 삶에 대한 의문이 밀려온다. 좌표를 모르는 하루가 그렇게 지나고 있다. 인간의 고뇌를 이해할 길 없는 기계는 인간의 하루에서 표출된 데이터라는 쓰레기를 모으기 바쁘다. 커피 판매 실적, 통행량, 거래 실적 등 욕망이 훑고 간 자리에 남은 족적이 인공지능이 얻을 수 있는 전부이다. 이런 것들을 대량으로 처리하여 앞으로 어디서 무엇을 해야 돈을 더 벌 수 있는지를 인공지능은 안내해 줄 것이다. 그러나 그 조언은 누구에게나 동일하게 주어질 것이며 결국은 레드 오션만 늘릴 게 뻔하다. 내면의 외침을 외면하는 욕망의 일상만을 인공지능은 격려하고 재촉할 것이다.

인공지능의 허상은 곧 빅데이터의 허상이다.

인공지능이 데이터를 기반으로 학습하고 미래를 예측하는 것은 점점 더러워지는 구정물에 비유할 수 있다.

깨끗한 샘물 한 통이 있다. 먼저 목을 축이고 남은 물로는 손을 씻고 더러워진 구정물은 버린다. 인간은 남은 샘물을 더럽혔고 구정물을 버렸다. 그런데 그 구정물을 확보한 누군가는 인간이 배출한 구정물을 인간과 동일시한다. 그 구정물은 사용할수록 가치가 떨어질 수밖에 없다. 인공지능이 인간이 배출한 데이터에 기반하여 판단력을 키워 간다는 것은 구정물을 순환시키는 것처럼 갈수록 품질이 저하되고 인간의 진정한 필요와는 멀어지는 길이다.

인간이 외부에 표출하는 데이터는 오염된 구정물에 불과하다. 데이터는 잘못된 궤도의 산물이며, 인간은 그 오류를 찾아내어 새로운 방향을 모색하는 존재이다. 그런데 인공지능은 인간의 일을 모르며, 일정 기간의 데이터 흐름이 유일한 판단 기준이다.

그러나 인공지능의 지배력을 확장하고자 하는 사람들은 인공지능의 한계와 무지를 인정하지 않는다. 인간과 컴퓨터를 아예 칩으로 연결하면 인간의 모든 생각을 실시간으로 인공지능에 제공할 수 있을 것으로 기대한다. 오즈들은 빅데이터에 대한 환상을 멈추지 않는다.

인공지능이 인간의 미래를 이끌 만한 어떤 결정이나 판단을 하는 것은 알고리즘의 특성상 불가능하다. 그러나 과거 빅데이터에 대한 수학적 분석은 분명 인간을 앞선다. 잘못된 족적을 통계 낸 것이 바람직한 향후 방향을 안내할 수는 없지만, 단기간의 솔루션은 충분히 제공할 수 있다.

인간의 생각이 변하기 때문에 데이터의 유효 기간은 그리 길지 않겠지만, 일정 기간은 분명 위력을 발휘할 것이다. 인공지능은 인간이 서 있던 그 자리를 정답이라고 외칠 것이다. 그러나 얼마 지나지 않아 인공지능의 예측은 인간의 기대에 못 미칠 것이고 인간은 인공지능의 해답을 무시할 것이다. 인공지능은 인간이 추구해야 하는 방향을 알 수 없기 때문이다.

인공지능의 지배력과 자신의 권력을 동일시하는 사람들에게는 인간이 알고리즘을 외면하는 상황이 가장 두려운 시나리오이다. 인공지능이 항상 스마트해 보이고 인간이 인공지능의 판단을 벗어나지 못하도록 해야 한다. 그러나 데이터를 따라가기 급급한 전자 알고리즘의 한계를 그들은 누구보다 잘 알고 있다.

그래서 인공지능이 인간보다 우월하게 보일 방법은 딱 하나다. 인간의 반응이 늘 예측 가능해야 한다. 그게 가능하다면 데이터 처리량과 속도에서 절대적 우위에 있는 전자 알고리즘은 인간의 감탄을 자아낼 것이다. 인간이 기꺼이 고개를 숙여 복종할 것이다.

인공지능의 예측이 오랜 기간 유효하려면 인간이 인공지능의 솔루션에 적합한 수준으로 다운그레이드 되어야 한다. 이미 교육 현장에서 이룬 반교육의 성과를 계속 이어가는 것은 어려운 일이 아닐 것이다.

인공지능의 용도를 데이터 수집과 분석으로 국한하지 않고 판단과 결정의 영역까지 허용한다면, 교육은 인간의 메타역량을 완전히 제거하고 욕망의 명령을 따르는 쾌락 중추만 남기는 데 더욱 박차를 가할 것이다.

인공지능이 자신의 한계를 넘어 의사 결정까지 한다는 것은, 일정 기간의 데이터 흐름이 불변하는 사물의 법칙으로 등극해야 함을 의미한다. 그래서 인공지능 시스템은 인간의 예측 가능성이 극대화되길 바라고 욕망의 궤적이 앞으로도 계속되길 바란다. 인간이 더 단순해지길 바라며 마음의 작용 따위는 잊길 바란다. 그래서 인간이 자기 생각 속에서만 무언가를 해내는 것을 아주 못마땅하게 생각한다.

유발 하라리에 따르면, 데이터교의 첫 번째 계명은 가급적 많은 매체와 연결되어 데이터 흐름을 극대화하는 것이다. 반대로 가장 큰 죄악은 데이터 흐름을 차단하는 것이다. 지식을 생산하거나 생각 혹은 기타 활동을 하고서도 이를 인터넷에 공유하지 않는 것이다. 데이터교는 정보 자체의 자유를 강조한다. 정보의 흐름을 인간이 방해하면 안 된다는 것이다. 과학계가 신봉한다는 데이터교는 전통적인 종교처럼 움직인다. 알고리즘이 그들의 신이고 사람들은 거대한 데이터 흐름에 기여하고 늘 거기에 속해 있어야 한다.[16]

데이터교의 영향은 비교도들의 일상까지 점령한 상태이다. 사람들의 일상은 마치 공유하기 위해 존재하는 것처럼 연신 데이터를 업로드하기 바쁘며 온전히 독립된 사람을 찾기 힘들다. 자신에 몰입하지 못하고 외부와의 콘텐츠 공유와 그 피드백에 매달린다.

인간이 예측에서 멀어지는 것은 지적 호기심과 문제의식이 출발점이다. 그래서 신기술은 인간이 홀로 의문을 가지거나 고뇌를 느낄 기회 자체를 빼앗으려 한다. 의문은 네트워크 연결로 차단할 수 있으며 고뇌는 인간의 생화학 기제를 바꾸는 방법으로 접근한다.

---

16 『호모 데우스』(미래의 역사), 523~530p, 유발 하라리, 김영사 참조.

사람들의 작은 우울, 불안, 산만함까지 모두 병으로 규정하고 초기부터 약물의 사용을 당연한 것으로 받아들이게 한다. 약물이 감정의 변화를 일정한 수준으로 잠재우고 욕망에 순응하는 최적의 환경을 만들 것으로 기대하는 것이다. 쾌락의 섬에 회의를 느끼고 허무의 바다에 직면한 사람들을 손쉽게 다시 쾌락의 섬으로 돌려보내는 것이다. 전기 자극이나 유전자 조작 등의 좀 더 깊숙한 개입도 물살을 타고 있다. 호모 데우스는 인간의 수준을 하향 평준화하기 위해 세워진 이정표라고 할 수 있다.

인공지능이 인간처럼 사고해야 한다는 과도한 욕망은 결국 인간 자신을 향해 칼을 휘두르게 된다. 인공지능의 한계를 벗어난 것을 추구하는 것은 데이터교도들로 충분하다. 자신의 신이 전지전능하길 바라는 것은 교도의 특권이다. 그러나 대다수의 비교도들은 인공지능의 한계를 정확히 이해하고 이 흐름에 질문할 수 있어야 한다.

온라인 콘텐츠가 온종일 머리를 장악하고 우울이나 산만함도 정신병으로 치부되어 약물 치료가 권장되는 사회는 이미 시작되었다. 내가 스스로 선택했다고 착각하지만, 다른 선택지가 없었음을 눈치채야 한다.

잠시도 쾌락의 빈틈이 없도록 온갖 기술적 수단을 동원하여 인간으로부터 마음과 대면할 시간을 빼앗는다면 인간은 인공지능이 주는 해답에 불만이 느끼지 못할 것이다. 빅데이터의 진실성을 검증하고 인공지능 알고리즘의 무결성을 요구해야 한다는 생각조차 하지 못할 것이다.

구정물 분석 기계는 인간이 계속 구정물의 소비자가 되길 요구할 것이다. 샘물을 생산하던 인간이 자신의 일을 중단하고 재순환되는 구정물에 의지하며 인공지능보다 못한 물질의 수준으로 하락하는 디스토피아가 열리는 것이다.

생각하지 않는 인간을 원하는 인공지능의 세상에서 인간의 성장 기회는 아예 차단될 것이다. 인간이 자신의 작용을 완전히 상실하고 회복 가능성조차 사라지는 것, 이것이 인류의 종말이다.

그러나 인공지능이 애초의 기능과 한계에 맞게 활용된다면 비극적 결말은 상상 속에만 존재할 것이다. 더 늦기 전에 인공지능의 활용 범위는 적절한 수준으로 제한되어야 하며 인공지능과 빅데이터에 대한 과도한 환상을 멈추어야 한다.

모든 기술은 인간이 완벽하게 제어할 수 있을 때만 유용하다. 아무리 자동차가 잘 달린다고 해도 브레이크가 완벽하지 않으면 사용할 수 없다. 신기술이 더 큰 풍요를 가져 오길 바란다 해도 정작 그것을 제어할 수 없다면 부작용은 예정된 것이다.

인류 종말은 인공지능에 의사 결정까지 바라는 어리석음에서 시작된다는 것을 기억하라. 유발 하라리는 이것이 누군가의 결정이 아니라 개개인의 지속적이고 일상적인 선택에 의한 것이라고 말한다.[17] 제어

---

17 『호모 데우스』(미래의 역사), 451p, 473p, 유발 하라리, 김영사 참조.

하길 포기하고 추종하기 바쁜 개개인의 일상적 선택이야말로 인공지능을 괴물로 만드는 주범이라고 할 수 있다. 그리고 그것의 근본 원인은 메타역량의 부재이다.

인류의 미래를 지키는 일은 알고 보면 그다지 복잡한 일이 아니다. 피켓을 들고 나가 환경 보호를 외쳐야 하는 것도 아니다. 그냥 조용히 자신의 메타역량을 노크하는 것이다.

인공지능과 상생하기

인공지능 시대에 필요한 것은 디지털 소양이나 문제 해결력이 아니다. 앞으로 미래의 주역이 될 수 있는 인재는 문제를 찾아 잘못된 흐름에 제동을 걸 수 있는 사람이다.

그림이 아무리 좋아도 그림 앞에 바짝 붙어 혈안이 되어서는 전체 그림이 보이지 않는다. 대상에 매몰되기보다는 한 걸음 물러나서 전체를 바라볼 수 있는 사람만이 어디에 어떤 문제가 있는지 찾아낼 수 있다.

유발 하라리는 우리가 거대한 미지의 세계로 돌진할 때 대부분의 사람들은 누군가가 대신해서 브레이크를 밟아 줄 것을 기대한다고 말한다.[18] 그러나 폭주하는 기관차에서 브레이크를 밟고 내리는 것은 누가 대신해 줄 수 있는 일이 아니다. 각자가 자신의 길에서 스스로 행동

---

18 『호모 데우스』(미래의 역사), 80p, 유발 하라리, 김영사 참조.

할 때에만 변화가 시작될 수 있다.

인공지능의 특이점이 오면, 기술이 인간을 완전히 능가하고 대체하는 것이 피할 수 없는 인류의 운명이라고 회자된다. 신기술이 버젓이 인간을 위협하는 와중에도 학교가 가르치는 것은 기술을 따라가기 급급한 기능 교육이 고작이다. 거기에 아무리 거창한 이름을 갖다 붙여도 결과적으로 문제를 찾는 능력을 기를 수 없다면 신기술의 주인이기보다는 추종자 내지는 소비자 양산에 초점이 맞추어져 있다고 볼 수 있다.

이러한 교육과정으로는 브레이크 없는 인공지능 시장을 가속할 슈퍼 협력자를 양성할 수는 있어도 인공지능을 제어하고 제대로 활용하는 진정한 주인이 탄생할 여지는 없어 보인다.

어느 시대나 신기술은 존재했다. 그리고 대세가 된 신기술을 배우기 위해서 사람들은 늘 노력해 왔다. 그런데 요즘이 더 특이한 것은 '그랜드 챌린지'라고 하여 전 지구적 스케일의 문제 해결 교육에 과몰입한다는 데에 있다. 세계화라는 이정표에 걸맞게 문제의 규모도 전 세계가 협력해야만 하는 크기이다. 신기술이라면 무조건 긍정하는 분위기와 미래에 대한 불확실성이 결합하면서 사람들은 글로벌 이슈와 버무려진 문제 해결 교육에 불나방처럼 뛰어든다.

그러나 그렇게 아무 문제의식 없이 주어진 길만을 긍정하는 사람에게는 결코 주도권이 주어지지 않으며 더 가혹한 추격자의 시간이 도래

할 것이다. 어쩌면 이미 인공지능을 주도해 온 사람들은 다른 경쟁자를 길러 내는 교육 같은 건 원하지 않을 가능성이 높다. 그럼에도 그들이 만일 교육에 앞장선다면 그 목표가 무엇일지는 충분히 짐작해 볼 만하다.

인공지능 기술은 데이터와 알고리즘 확보 경쟁 속에서 발전해 왔다. 글로벌 IT 거물들은 이미 엄청난 투자와 인간들의 자발적 협력을 통해서 고도의 인공지능을 확보하였다.

인공지능의 지배자가 되는 자들은 기존의 글로벌 기업과는 전혀 다른 차원의 존재가 되기를 희망할 것이다. 정보뿐만 아니라 의사 결정을 독점하는 기술이라면 정치권력이 무색해 질만 한 힘이니 욕심낼 만하다.

그렇다고 해서 인공지능 기술이나 그것을 앞세운 오즈들을 적대시할 필요는 없다. 앞으로 인공지능 기술은 인간에게 더 다양하고 매력적인 서비스를 제공할 것이고 오즈들은 그 시간을 앞당길 것이다. 개개인이 메타역량을 사수할 수만 있다면 특이점 같은 바람은 오즈의 버킷 리스트에만 존재할 것이다.

기술의 바람직한 발전 방향은 인간의 고유역량 및 작용과 궤를 같이하는 것이다. 기술은 어디까지나 인간의 일을 돕기 위해 존재한다. 이것이 역전되어 인간이 기술에 협력하고 기술이 인간을 위협하는 비정상을 묵인해서는 안 된다.

이 시대는 인간이 특이점을 돕거나 인공지능을 위한 기초 소양을 갖출 게 아니라, 인공지능이 인간의 완성에 협력할 기초 소양을 갖추어야 한다. 인간이 학습할 때 필요한 정보나 지식을 찾아 헤매는 시간과 노력을 획기적으로 줄일 수 있도록 인공지능 기술을 메타 학습의 슈퍼 협력자로 만들어야 한다.

인공지능 기술이 인간의 학습과 성장을 위해 존재할 수 있도록 인공지능에 대해 필요 기능과 브레이크를 요구할 수 있는 발상의 전환이 필요하다.

신기술을 이용하여 각종 글로벌 문제 해결에 매달리는 사람은 그 기술 분야의 소수로 족하다. 인간은 인간의 학습을 해야 한다. 신기술이 인간의 성장을 위해 활용되는 것이야말로 인간과 기술 상생의 길이다. 그리고 진정한 혁신 교육은 인간이 문제를 찾고 브레이크를 설계할 수 있도록 메타역량 강화에 총력을 기울이는 것이다.

5

교육은 없었다

기득권의 조력자

교육은 현 체제 유지에 필요한 일꾼 내지는 협력자를 양성하기 위해 존재한다고 해도 과언이 아니다. 유발 하라리는 국가가 학교를 세운 목적이 유능하고 말 잘 듣는 시민을 길러 내기 위한 것임을 설파한다.[19]

인간의 진정한 성장이 아니라 기득권을 위한 인력 조달이 교육의 실제 역할이다 보니, 교육이 현 질서의 필요는 해결할 수 있으나 개인의 정신적 빈곤에는 속수무책일 수밖에 없다.

어쩌면 인간에 대한 무지로 인해서 그 이상의 교육은 하고 싶어도 할 수 없다고 해야 할 것이다. 그나마 배고픈 시절에는 이런 교육이라도 괜찮았지만, 물질적 풍요가 실현된 지금 대책 없이 남겨진 정신적 빈곤은 심각한 사회 문제로 이어지고 있다. 균형을 잃은 교육이 초래하는 부작용은 조용히 개인과 사회를 붕괴시키고 있다.

더 이상 가정에서조차 인간다움에 대한 교육이 존재하지 않는 현실에

---

19 『호모 데우스』(미래의 역사), 52~53p, 유발 하라리, 김영사 참조.

서, 혹시라도 이 풍요가 무엇을 위해 존재하는 것인지 본질적 의문을 갖게 될 인간들을 다룰 방법은 하나다. 그런 생각을 못 하게 만들면 된다.

전반적으로 메타역량이 저하된 현대 사회에서는 정신적 빈곤을 다른 쾌락을 동원하여 망각하는 대중요법으로 해결하고 있다. 즉, 쾌락이 인간을 지배하도록 하는 것이다. 경쟁 심리와 욕망을 자극하여 남보다 더 많은 돈, 더 좋은 집, 더 좋은 음식, 더 좋은 차, 더 좋은 학벌, 더 좋은 직장 등 끝없이 쾌락을 추구하게 만든다.

현대 사회는 쾌락의 존속을 위해 무한한 경제 성장을 당연한 것으로 정의한다. 유발 하라리는 자본주의에서의 행복은 곧 쾌락이라며, 불쾌감에 대한 우리의 인내심은 줄고 쾌락에 대한 갈구는 점점 커진다고 진단한다. 그래서 거기에 맞추어 더 좋은 진통제, 더 중독성 있는 스마트폰 게임도 나오게 된다는 것이며 쾌락을 떠받칠 무한 성장의 경제를 위해서는 불멸, 행복, 신성과 같은 무한한 프로젝트가 필요하다고 주장한다.[20]

욕망이 최선이 되어 버린 현대 사회에서 개인의 자유도는 증가했으나, 인간의 가치나 삶의 의미는 사라지고 있다. 자유전자처럼 방향성을 잃은 개인은 어떠한 구조나 경계도 없는 거대한 전체 속에서 인생의 무의미한 시간과 마주하고 있을 뿐이다.

그러나 사람들은 무엇이 문제인지 돌아볼 여유도 능력도 없어 보인

---

20 『호모 데우스』(미래의 역사), 68p, 80p, 유발 하라리, 김영사 참조.

다. 열심히 메타역량을 방해하고 눈가리개를 씌우며 무기력을 학습시킨 교육 덕분이다. 서커스단의 코끼리로 성장한 코끼리는 족쇄를 풀어주어도 탈출하지 못한다.

문제 내는 교육으로 인해 인간 본연의 메타역량이 약화하면 현실의 진짜 문제를 보려고 하는 사람이 없게 된다. 학생들은 주어진 문제를 풀기 위해 노력할 뿐 그 문제 너머는 보지 않는다. 그렇게 교육은 의무교육이라는 명분으로 미래를 이끌 인재의 성장을 막고 기득권의 조력자를 키워 왔다.

교육도 소비자가 먼저 깨어나야 한다

진정한 교육은 문제를 내지 않는다. 문제를 도출하는 것이야말로 인간 각자가 도달해야 할 고유역량이기 때문이다. 그러나 현존하는 어떤 교육도 학생 스스로 문제를 찾도록 허락하거나 문제 찾는 방법을 가르치지 않는다.

우리의 교육뿐만 아니라 해외 유수의 논술형 교육이나 전 세계적으로 우수 인재가 몰리는 실험적 학교 모두 마찬가지이다. 기득권이 만들어 가는 세계 질서를 유지하기 위해 주어진 문제에 답하는 반교육만이 교육으로 포장되어 경주마를 양성하는 것이다.

메타 사이클로 향하는 문을 막아서고 온통 욕망만 부추기는 반교육은 반드시 탈출해야 하는 동굴임이 틀림없다.

유발 하라리의 예언대로라면, 인류는 이제 더 이상 허비할 시간이 없어 보인다. 인공지능은 끊임없이 인간의 학습 방식을 연구하고 인간의 사고 과정에 개입하면서 자신의 입지를 확대하고 있지만 정작 인간은 스스로에 대해 점점 무지해지고 기술에 대한 의존만 증가하고 있다.

더 심각한 것은 교육의 문제를 외면하는 교육 소비자 개개인이다. 자신과 자녀가 받아 온 교육의 품질에 대해 불만이 있음에도 그 문제 원인을 정확하게 파악하려는 사람은 없다. 졸업하면 그만이라고 생각할 뿐 잘못된 교육의 악영향이 평생을 지배한다는 것을 간과하기 때문이다.

형편없는 상품이라도 그것에 열광하는 소비자가 계속 존재하는 한 개선될 가능성은 희박하다. 상품과 서비스의 개선에서 소비자의 역할이 중요하듯이, 교육 시장도 마찬가지이다. 공교육은 수요 창출 노력이 필요 없는 시장이므로 생산 주체가 자발적으로 무언가를 개선하기는 더욱 어렵다. 교육 소비자의 문제 인식만이 변화의 열쇠를 쥐고 있는 셈이다.

메타역량이 사라진 자리는 늘 많은 폐단이 생긴다. 메타역량을 외면하는 교육이 인간의 성장기를 지배하면서 사회 모든 분야에서 메타역량이 자취를 감추었다.

문제를 찾는 창의적이고 주도적인 인간은 사라지고 미디어에 이목을 빼앗겨 생각이 멈춘 인간만이 도시를 활보한다. 이유 없이 존재하는 우수한 두뇌가 애처로울 지경이다.

메타역량 제거를 담당해 온 현대 교육은 사회 모든 문제의 시발점이다. 현대의 학교는 메타역량을 억제하고 주어지는 일만 유능하게 처리하도록 인간을 개조하는 공장과 다르지 않다. 진정한 의미의 학교는 어디에도 존재하지 않는다. 반교육의 부작용을 평생 고스란히 감당해야 하는 교육 소비자라면 이제는 깨어나 비정상적인 흐름에 질문할 수 있어야 한다.

반교육의 피해자로 남을 것인가 아니면 성장할 것인가. 교육 소비자 스스로가 문제를 인식하는 것만이 현재로서는 유일한 희망이다. 메타역량은 나 자신의 힘만으로도 얼마든지 지킬 수 있는 것이며, 내가 각성하는 순간이 메타역량도 깨어나는 순간이다.

교육은 기득권으로부터 독립적이지 못하고 오히려 기득권 유지를 위해 협력해 왔다. 그래서 인간의 메타역량을 키우기는커녕 아예 싹을 잘라 버린다. 기득권의 속성을 이해한다면, 인간을 위한 진정한 교육에 관한 한 나를 대신할 누군가는 존재하지 않음을 알 수 있다.

인간의 성장을 위한 교육은 교육 소비자 스스로가 디자인할 때이다. 소비자가 나서 메타역량을 방해하는 반교육의 문제를 조명할 때 비로소 변화가 시작될 것이다.

생각나무 죽이는 천적

인간을 나무에 비유하자면, 생각이라는 열매를 만드는 생각나무이다. 생각나무도 성장하려면 적합한 토양에 뿌리내리는 것이 먼저다. 생각나무가 원하는 토양은 과거와 현재의 맥락이 살아 있는 지식이다.

생각나무가 지식의 땅을 찾아 스스로 뿌리를 내릴 수 있다면 훨씬 강한 나무로 성장할 수 있을 것이다. 그러나 우리 사회는 준비된 토양에 생각나무를 심고 길러 내는 방법을 취한다. 이것이 공교육 시스템이다.

농사를 짓듯이 생각나무를 키우는 것이 공교육이고 제대로만 된다면 시행착오를 줄일 수 있는 효율적인 방법임에 틀림이 없다. 그러나 만일 잘못된 토양이나 농법을 적용한다면 모든 나무가 일제히 죽어 버릴 수도 있는 위험성이 따른다. 교육이 생각나무의 천적이 되는 순간이다. 따라서 진정한 교육이라면 반교육의 위험성을 경계하고 적합한 토양을 준비하는 것을 최우선 과제로 삼아야 한다.

안타깝게도 우리의 공교육은 대학 보내는 시스템으로 전락한 지 오래다. 생각나무 열매가 목적이 아니고 나무를 목재나 땔감으로 쓸 생각만 하는 것이다. 누구나 느끼고 있는 것처럼 생각나무 농사가 썩 잘되고 있지 않다. 그러면서 정작 묽게 원인으로 지목되는 것은 항상 주입식 교육, 객관식 상대평가에 집중되어 있었다.

그러나 이미 살펴본 바와 같이 주입식 교육 자체는 문제의 원인이 아니며 선다형이나 상대평가도 아무 죄가 없다. 본질은 보지 않고 말단에 대해서만 칼을 휘두르니 문제가 해결될 리 만무하다.

잘못된 진단으로 섣불리 교육정책을 바꾸는 해법은 상황을 악화시킨다. 특히, 아예 해외 교육 시스템을 통째로 이식하는 등의 열정만 앞서는 시도는 더 큰 혼란을 야기할 것이다.

문제 해결의 유일한 실마리는 문제의 근본 원인부터 정확히 진단하는 것이다. 아무리 급해도 깊이 있는 원인 분석 없이는 올바른 해법이 나올 수는 없는 법이다.

공교육이 생각나무 죽이는 천적이 되어 버린 근본 원인은 교육이 앞장서 메타역량의 성장을 방해하는 데에 있다. 무엇을 시도하더라도 메타역량이 필요로 하는 것을 교육이 제공하지 못한다면 생각나무를 성장시킬 수 없다.

교육은 특히, 메타역량이 뿌리내릴 지식의 토양부터 점검해야 한다. 하나의 변화가 이후 연쇄적 변화의 기준이 된 디드로 효과처럼 지식의 토양을 개선하는 것은 교육 전반을 개선하는 출발점이 될 것이다.

반교육이 될 수밖에 없는 이유

많은 사람이 부러워하는 해외의 논술형 교육, IT 거물들이 만들어낸 실험적 교육, 그리고 우리의 새로운 교육과정에 이르기까지, 학습자의 진정한 성장을 위한 활동은 찾아보기가 힘들다.

대부분의 교육이 반교육이 될 수밖에 없는 구체적인 이유는 다음과 같이 정리할 수 있다.

- 인간에 대해 무지하다
- 양질의 학습 콘텐츠가 없다
- 과제가 너무 많다
- 문제를 낸다

만약에 자식에 대한 집착은 큰데 정작 아이가 뭘 잘하는지는 관심이 없고, 제대로 먹이지도 않고, 자유 시간도 주지 않으면서 온갖 지시만 하는 부모가 있다면 어떨까? 어느 뉴스에나 나올 법한 일이 아닐 수 없다. 그런데 현실의 교육이 딱 이런 모습이다.

선도적인 교육일수록 교육 현장에는 인간이 설 자리가 보이지 않는다. 인공지능을 키우려는 것인지 인간을 키우려는 것인지도 헷갈릴 정도이다.

우리의 새로운 교육과정에서는 신기술에 대한 불안 때문인지 디지털 소양이 인간의 기초 소양으로 등극했다. 신기술 발전에 발맞춰야 한다는 패스트 팔로워(fast follower)의 조급함만이 감지된다. 누가 가져온 지도 모르는 문제를 앞에 두고 다시 그렇게 주어진 경쟁에 적응해 갈 뿐 흐름을 선도하거나 진짜 문제를 찾으려는 노력은 여전히 보이지 않는다.

현실의 교육이 반교육일 수밖에 없는 네 가지 이유와 대안에 대해 구체적으로 살펴보자.

(1) 인간에 대해 무지하다

인간은 이제 스스로에 존재 이유를 묻지 않고 과학과 기술에 답을 의존한다. 그러나 찬란한 과학기술은, 유발 하라리도 인정하듯이, 마음의 말단을 조작할 수는 있어도 그 마음의 작용이 무엇인지는 여전히 모른다.[21] 인간에 대한 무지를 해결할 기술은 존재하지 않는 것이다.

교육정책을 주관하는 사람들조차 인간이 어떤 존재인지도 모른 채 교육을 재단하고 있다. 오죽하면 인공지능이 학습을 이끌길 기대하고, 교육의 문제를 학생들의 생화학적 기제를 바꾸어 해결하려는 시대가 도래했겠는가. 그저 현실의 필요에 맞게 인간을 프로그래밍하는 것이 교육의 전부이다. 백년지대계는 고사하고 일말의 방향성을 기대하기

---

21 『호모 데우스』(미래의 역사), 483p, 유발 하라리, 김영사 참조.

도 어렵다.

목적지를 모른다면 어느 길로 가야 할지 결정할 수 없다. 현실의 교육은 갈 곳을 몰라 눈앞의 장애물만 간신히 피하며 표류하고 있는 형국이다. 인간을 모르면서 인간의 성장을 이끌어 줄 수는 없다. 어떠한 방향도 안내할 수 없는 교육 현실에서 입시 경쟁만이 교육의 존재 이유가 되어 학교를 지키고 있을 뿐이다.

모든 존재는 자신의 특기로써 세상이란 퍼즐 속 자신의 자리를 지킨다. 그러나 인간만이 제 위치를 이탈하여 자신을 오염과 훼손의 주범으로 설정한 채 자연과 괴리된 삶을 살고 있다. 인간의 고유역량이 무엇인지 모르는 교육이 인간의 성장을 책임지고 있기 때문이다.

인간의 고유역량에 대해 무지한 교육은 쾌락을 가르친다. 그러나 인간은 메타역량을 발휘할 때 진정한 행복을 느끼는 존재이다. 인간을 모르는 교육은 그 어떤 목표를 내걸어도 인간의 성장과 행복을 방해하는 반교육의 숙명을 벗어날 수 없다.

(2) 양질의 학습 콘텐츠가 없다

인간의 메타역량을 위해서는 단편적인 지식을 멀리해야 한다. 영양제만으로 배를 채우지 않는 것처럼 유기적인 맥락을 끊어 낸 단편적 지식과는 적당한 거리를 유지해야 한다. 물론 기초 지식도 필요하지만,

인과관계를 담은 스토리텔링이 학습의 중심 콘텐츠가 되어야 한다.

그러나 현실의 교과서는 인과관계를 생략한 결과 중심의 단편적 지식으로 채워져 있다. 요즘엔 주입식 교육을 지양하는 추세와 절차와 과정을 평가하는 절차적 문제 해결력이 강조되면서 아예 학습량 자체가 줄어들고 있다.

주입식 교육의 문제는 주입이 아니라 학습 내용이다. 학습 내용이 단편적이다 보니 정상적 가르침도 주입으로 매도되고, 결과적으로 학습량을 줄이는 엉뚱한 처방만 나온다.

이러한 학습 환경의 변화로 인해 과거의 지적 자원을 활용한 양질의 학습 콘텐츠는 더욱 기대하기 어렵게 되었다. 생각나무가 뿌리를 내릴 유기적 토양은 고사하고 토양 자체가 자취를 감추고 있는 것이다.

양질의 학습 콘텐츠 확보를 위해서는 단편적 지식의 맥락을 찾는 지식의 유기화 작업이 시급하다. 또한, 기존 도서를 활용할 때에도 독서량을 목표로 할 게 아니라 단 한 권을 읽더라도 적합한 독서법을 취함으로써 양질의 학습 콘텐츠를 확보하려는 노력이 필요하다.

지식의 유기화 작업을 거치면 사실상 모든 교과는 각 분야의 역사 교과가 된다. 유기적 지식을 담고 있다면 그것을 전달하는 수단과 방법은 무엇이든 상관없다. 따라서 교과서가 필요하냐 아니냐 혹은 주입이냐 자기 주도냐 하는 논쟁도 결국은 학습 콘텐츠의 내용이 단편적이냐 유기적이냐를 기준으로 판단할 문제인 것이다.

(3) 과제가 너무 많다

교육의 역할은 학습 환경을 조성하는 것이면 충분하다. 농작물의 순을 억지로 잡아당겨 키울 수 없듯이 필요한 환경을 제공했으면 그다음엔 스스로 성장하길 기다려 주는 수밖에는 없다.

그러나 교육 현장에서는 이것이 지켜지지 않는다. 입력에 비해서 항상 과도한 아웃풋을 요구하는데, 특별해 보이는 교육일수록 더욱 그러한 면이 있다.

목이 말라야 물을 마시고 배가 고파야 밥을 먹는 것처럼 학습도 소화의 주체인 학습자가 스케줄을 주도해야 하지만, 교육은 그것을 허용하지 않는다. 물론 배운 것을 활용하기 위한 최소한의 과제는 불가피하다. 그러나 너무 많은 과제는 학생의 자율성과 생각의 깊이를 막아서는 역효과를 불러오기 쉽다.

무엇보다 과다한 과제는 학생의 자유 시간마저 빼앗는다. 학생은 다양한 분야의 스토리텔링 속에서 자신의 관심 분야를 찾고 거기서 흥미 있는 주제를 탐구할 권리가 있으며 그것을 위한 충분한 시간적 여유를 누려야 한다.

자율성은 메타역량의 전제 요건이다. 메타역량은 인간의 끈질긴 생명력과 함께하는 것이어서 완전히 사라지기는 않지만 안타깝게도 이것의 성장을 방해하기는 언제나 더 쉽다. 자율적으로 무언가를 할 수 있는 시간을 빼앗는다면 아무리 훌륭한 과제일지라도 메타역량의 장애물일 뿐이다.

메타역량의 입구는 빼곡한 일정이 아니라 공백에서 그 모습을 드러내므로 학생에게 시간적 여유를 주는 것이야말로 어떤 과제보다 교육적이다. 과제라는 것은 그 내용에 따라서는 문제 내는 교육의 연장선이라는 점과 자유 시간까지 빼앗는다는 측면에서 가능한 최소화하는 것이 바람직하다.

(4) 문제를 낸다

어떤 이름의 교육이건 문제를 내는 것은 동일하다. 이미 배운 것을 제대로 이해하고 있는지 확인하는 것이라면 문제를 내서 평가하는 것도 분명 필요하다. 그러나 각자의 생각을 키우는 게 목적이라면 일률적인 문제를 내는 것은 아주 잘못된 접근이다. 주어진 문제에서 답을 찾는 행위는 주어진 문제 안으로 생각의 성장을 제한할 뿐만 아니라, 생각의 자율성 자체를 없애는 도구가 될 수 있기 때문이다.

거기에 논술이니 문제 해결 프로젝트니 아무리 거창한 이름을 갖다 붙여도 결국은 다른 사람이 문제를 내거나 학습자 스스로 문제를 찾을 수 있는 범위를 제한한다면 경주마에 눈가리개를 씌우는 것에 불과하다. 문제 속에 설정된 기존 질서 외에는 보지 못하게 하는 것이다.

교육이라는 이름으로 끝없이 문제를 내는 것이야말로 반교육의 특징이다. 여기서 답안 작성 방식 정도를 논술형으로 바꿔 봐야 교육의 근본적 문제는 해결되지 않는다.

문제를 내는 교육에서는 문제를 찾을 능력이 좀처럼 키워지지 않는다. 문제가 늘 주어지기 때문에 메타 사이클이 단절되고 문제 판단 기준을 정립할 수 없는 것이다.

교육이 메타역량을 키울 기회를 빼앗고 주어진 문제만 보게 만들면 그렇게 성장한 인간은 스스로 다른 문제를 찾아볼 생각은 아예 못 하게 된다. 정해진 경주로를 이탈하지 않고 빨리 달려 경쟁에서 이기는 것에만 익숙해진다. 실제로 현실의 교육이 하는 일은 인간의 고유역량을 거세하고 기존 질서에 순응하는 인간을 만드는 것에 불과하다.

메타역량이 없는 사회에서는 위기가 닥치기 전에는 문제를 찾아 예방하거나 개선할 가능성이 현저히 낮아진다. 위기가 오면 이를 모면하기 위해 즉각적이고 대중적 해법만 난무하게 된다.

예를 들어서, 경제 위기를 예방하기 위해서는 경제 시스템의 근본 문제를 관찰하고 미리 대비하여 개선해 나가야 한다. 그러나 메타역량이 약한 사회에서는 구체적 양상의 위기가 발생하고 나서야 금리 인상이나 양적 완화와 같은 대중적 요법이 취할 수 있는 조치의 전부가 되는 것이다. 해법이라는 게 늘 땜질식 처방에 그치는 것은 엉뚱한 문제를 조명하기 때문이다. 경제 전문가라는 사람은 많지만 경제 시스템

전체를 조망하고 문제를 미리 진단할 수 있는 사람은 찾기 어렵다.

해법은 문제의 범위에 종속되므로, 변화의 방향과 수준은 답이 아닌 문제에 의해 결정된다. 남이 내준 문제만 바라본다면 변화의 주체이길 포기한 것이다. 문제를 찾지 않는 인간이라면 굳이 자신의 가치판단 기준을 정립해 나갈 이유도 없게 된다. 문제 내는 교육은 메타역량을 방해하는 것을 넘어서 메타역량이 필요 없는 최악의 환경을 만들고 있다.

평가한답시고 학생을 대신하여 학교가 나서 문제를 내는 일은 이제 그만해야 한다. 학습자가 메타역량을 발휘하여 스스로 문제를 찾아갈 수 있도록 돕는 교육이 어딘가에 존재한다면 그것이야말로 가장 혁신적이고 온전한 교육이 될 것이다.

6

발명과 메타역량

현존하는 유일한 메타 학습

누구에게나 허락되는 발명 활동을 통해서 사람들은 쉽게 메타 학습의 세계로 입장할 수 있다. 그 어디에도 없던 메타 사이클의 입구가 발명 과정에는 아직 열려 있다.

발명은 새로운 문제를 찾고 해법을 제안하는 것이다. 즉, 무엇을 문제로 볼 것인가, 문제의 원인이 무엇인가, 어떻게 해결할 것인가를 스스로 탐구해 나가는 과정이다. 그리고 문제에 대한 해법을 찾은 후에는 특허 작성을 해야 한다.

발명 과정에서는 발명을 글로 표현하는 작업이 필수적으로 수반된다. 결국, 스스로 문제를 찾고 해법을 제시하고 그 과정을 글로 작성하는 것까지가 발명이다. 발명 과정은 메타 학습의 과정과 정확히 일치한다.

발명은 새로운 해법을 위한 사고의 과정이어서 기존의 단편적 지식의 폐해에서 비교적 자유롭다. 따라서 메타 사이클의 입구를 보존할 수 있으며, 현존하는 유일한 메타 학습이 된다. 실제로 우리 사회에서 가장 활력적이고 자기 주도적인 사람은 발명가들이다. 그들은 자신의 판단 기준으로 종래 기술의 문제점을 찾고 해법을 도출하는 과정에서 여전히 메타역량을 발휘하고 있기 때문이다.

교육 현장에서는 오래전부터 발명을 교육해 왔다. 특허청이 주도하여 교사를 재교육하거나 아예 별도의 발명교육센터를 운영하기도 한다. 발명 교육법은 발명 교육을 '창의적 문제 해결 능력과 사고력을 개발하고 발명에 대한 의욕을 증진시켜 발명을 생활화하며, 이를 권리화할 수 있는 역량을 기르는 모든 형태의 교육'이라고 정의한다.

메타역량을 발휘할 수 있는 학습 기회가 교육 현장에 남아 있다는 것만으로도 위안이 아닐 수 없다. 그러나 안타깝게도 선택과목의 다양성에 일조하는 것 외에 발명 교육의 영향력은 애초 기대에 못 미치고 있는 실정이다.

그 원인은 발명 교육이 괜한 만들기만 독려할 뿐 발명 과정의 특징을 교육에 접목하는 데에 실패하였고 그 결과 기존 정답 교육과 크게 다르지 않은 노선을 걸었기 때문이다.

메타 학습에 가장 일치하는 활동임에도 해법의 창의성만 강조하다 보니 메타 사이클을 생략하거나 충분한 순환을 기다려 주지 않는다. 문제 해결에 대한 조급함 때문에 발명 과정의 장점이 사장되고 기존 문제 해결 교육의 전철을 밟게 된 것이다.

무엇보다 발명을 글로 표현하는 글쓰기의 중요성이 간과되어 사고 체계의 변화를 이끌지 못하고 학습 결과의 내면화에도 실패한다. 따라서 교육 후에도 학생들은 여전히 대상의 방향성을 모르고 학습 부담만 가중하게 된다.

문제 해결 식 만들기에만 집중하는 발명 교육으로는 발명이라는 말이 무색하게도 메타 사이클에 진입하는 것이 불가능하다. 원인 분석을 필두로 하는 발명 과정의 특징을 따르지 않게 되면 대중적 문제 해결에만 치중하는 기존 교육의 프레임에 갇히고 마는 것이다.

발명이 교육 현장에서조차 대중적 문제 해결에 골몰해서는 메타 학습의 효과를 기대하기 어렵다. 만들기 수업의 상위 버전에 그치는 기존 발명 교육으로는 메타 학습의 마지막 기회마저 잃게 될 것이다.

발명은 현존하는 유일한 메타 학습이다. 불씨를 살려내듯 발명을 통해 모든 과목으로 메타 학습을 확장할 수 있다. 단, 발명이 메타 학습을 이끌 수 있는 밑그림이 되기 위해서는 지금처럼 만들기 활동으로 홀로 존재해서는 안 된다. 교육에서의 발명은 목표가 더 이상 발명에 국한되지 않는다. 인간의 고유역량이라는 중차대한 임무가 발명 위에 놓여 있다.

메타 학습으로서의 발명은 발명 과정의 특징이 모든 학습에 접목되어 모든 지식이 메타 사이클 위에서 소화되는 것이다. 발명을 위한 교육이 아니라 학습을 위한 발명, 즉 '발명적 학습'으로 진화해야 한다.

발명 교육이 메타 사이클과 멀어져 대중적 해법에 몰두하게 되는 것은 발명 과정의 특징과 역할을 제대로 이해하지 못하였기 때문이다. 정확히 알아야만 지킬 수 있고 활용할 수 있다.

발명 과정의 특징 제대로 알기

발명은 메타 학습이다. 그러나 그것은 어디까지나 학습에서 발명 과정의 특징을 지켜 냈을 때만 성립하는 명제이다.

발명 과정의 특징은 다음과 같다.

첫째, 혁신성이다.

발명은 기존에 없던 유용한 것을 만들어 내는 것이므로 기존 질서를 바꾸는 혁신성을 특징으로 한다. 과거 방식을 답습하지 않고 새로운 방향을 모색하는 과정의 산물이 발명이다. 현재에 만족하지 않고 문제를 찾아 개선하고자 하는 발명의 혁신성은 발명의 특징이자 발명 과정을 이끄는 동기가 된다고 할 수 있다.

발명 과정은 올바른 방향성을 기준으로 현재 궤도를 수정하고 변화를 이끄는 메타역량의 혁신성을 체험할 수 있는 좋은 학습 모델이다.

둘째, 자발성이다.

발명은 누가 시켜서 하는 것이 아니고 처음부터 스스로 문제를 찾고 해결하는 자발적 과정이다. 정해진 문제 상황이나 해결 도구 없이 스스로 문제를 정의하고 구체적인 해법도 창안해 낸다. 온전히 자신의 의지 하나로 시작하여 해법을 얻을 때까지 지속한다.

아무리 간단한 일도 남이 시켜서 할 때는 열정이 생기지 않지만, 자발적으로 할 때는 복잡한 일이라도 혼신의 힘을 다하는 것이 인간이다. 섣불리 개입하고 재촉하는 대신 학습자의 자발적 활동을 지원하고 존중할 때 메타역량을 강화하는 성공적인 교육이 가능할 것이다.

셋째, 원인 분석이다.

기술의 비약적인 발전을 위해서는 문제 원인에 대한 심도 있는 분석이 관건이다. 물론 발명에 따라서는 원인 분석보다는 대중적인 빠른 문제 해결을 시도할 수도 있지만, 특허는 진보성을 요구하는 것인 만큼 깊이 있는 원인 분석이야말로 발명 본연의 문제 해결 방식이라고 할 수 있다. 원인 분석의 깊이에 따라 발명의 수준도 달라진다.

메타 사이클은 즉각적 문제 해결보다는 원인 분석으로 분기하여 순환하는 과정에서 해법을 위한 방향성을 도출하게 되므로 발명 과정과 메타 사이클은 문제 해결 방식에서도 일치한다. 발명 과정이 대중적 해법이라는 유혹에서 벗어나 메타 사이클 순환의 과정으로 진행된다면 메타역량을 강화할 수 있다.

넷째, 글쓰기이다.

발명이 특허가 되려면 글쓰기를 통해서 발명의 인과관계를 일목요연하게 설명해야 한다. 특허 심사의 대상은 발명품이 아니라 글이기 때문이다. 따라서 발명의 전 과정은 특허 작성을 위해서 존재한다고 해도 과언이 아니다.

원인 분석에서 해법 도출에 이르는 서사에는 발명의 진가가 담겨 있다. 생각이나 말 또는 제품으로는 충분한 설명이 어려운 발명의 가치가 글로는 가능하다. 글로써 발명을 정리하는 것은 발명의 가치를 완성하는 발명의 최종 단계이다. 실제로 특허 작성 과정에서 발명의 요점이 재정의되고 권리 범위가 탄생한다.

발명이 학습에 적용될 때에도 이 글쓰기 특징은 가장 유익하고 영향력 있는 요소이다. 메타 사이클 역시 글을 통해서 인과적 맥락을 건져 올리고 정리해야 하기 때문이다.

산업 현장에서도 발명자가 특허 작성에 대한 이해가 있다면 훨씬 체계적이고 분석적인 사고를 할 수 있다. 그 결과 발명의 품질을 높이고 원천기술에도 다가갈 수 있다.

대부분의 지적 활동에서 글쓰기를 목표로 한다면 사고 체계가 정비되고 생각의 누수를 막는 효과가 있다. 그러나 학습에서 글쓰기가 유기적으로 병합된 예는 찾아보기 힘들다. 발명 과정은 그것을 실천할 소중한 기회를 제공한다.

다섯째, 유기적 지식의 산물이다

유기적 지식은 지식이 형성되어 온 맥락을 포함하는 것이다. 즉, 어떤 변천 과정을 겪으며 현재에 이르렀는가를 파악할 수 있는 인과관계가 담겨 있다.

지식의 유기성은 자연 현상처럼 존재하는 것이지만, 무형적이기 때문에 실제 학습이나 연구에 활용하려면 내용을 선별하고 재구성하는 작업이 필요하다. 특허 분야는 역대 출원 발명에 대한 방대한 데이터베이스가 구축되어 있으며, 인터넷을 통해 쉽게 검색해 볼 수 있다.

발명 과정은 선행기술 조사를 통해서 유기적 지식을 구성할 수 있는 여건이 마련되어 있다. 유기적 지식의 기초재료가 부족한 다른 분야에 비하면 메타 사이클을 위해서 굉장히 유리한 조건인 셈이다. 선행기술과의 유기적 맥락을 토대로, 선행기술에서 발명의 아이디어를 얻기도 하고 해법 역시 선행기술의 시행착오를 참고할 수 있다.

메타 사이클에는 대량의 유기적 지식이 필요하다. 전 세계 선행기술 데이터베이스를 활용하는 발명 과정은 양질의 학습 콘텐츠를 요구하는 메타 사이클에 최적화한 학습 환경을 제공할 수 있다. 이 장점을 이용한다면 발명 학습자는 선행기술조사를 통해서 스스로 유기적 지식을 구성하는 것이 가능하다.

여섯째, 기존 지식에 대한 존중이 필하이다.

특허는 새로운 재산권을 설정하는 형성적 행정 행위이다. 따라서 특허 작성에서 권리에 대한 청구 범위를 기술하는 것은 집 지을 때 토지 위치와 면적을 특정하는 것처럼 필수적인 작업이다. 종래 기술은 어디까지이고 내 발명은 어디까지인지 최대한 정직하고 정확히 영역을 구분하여 밝혀야 한다. 그러면 이후 심사 과정에서 그 적정성을 판단하여 최종적으로 특허 권리 범위를 결정한다.

권리 범위를 정하는 것은 다른 글쓰기에는 없는 특허 작성만의 특징이다. 발명 과정에서는 내 지식과 남의 지식을 정직하게 구분해야 한다. 학습자는 이를 통해 기초가 된 선행 지식에 대한 존중을 자연스럽게 익힐 수 있으며, 발명의 특징과 한계를 더 정확히 인식하고 발전시킬 수 있다.

예를 들어, 아두이노는 오픈 소스 하드웨어이다. 아두이노를 이용해서 식물의 상태를 감지하여 온도를 제어하는 장치를 개발했다고 할 때 일반적으로는 아두이노의 기여를 망각하고 해당 장치 전체를 자신의 기술로 착각하기 쉽다. 그러나 특허 작성에서는 자신의 발명에 대해서만 정확한 가치 판단을 해야 하므로 선행기술인 아두이노 오픈 소스와의 명확한 구분이 필요하다. 즉, 바탕이 되어 준 선행기술은 자신의 권리 범위에서 제외하고 자신이 부가한 아이디어를 분리하여 관찰하는 것이다.

발명은 인과관계 속에서 탄생하기 때문에 선행기술의 존재를 당연시하며 특허 작성 포맷에는 이것을 기재하는 별도의 항목도 존재한다.

이처럼 특허 작성은 선행 지식에 대한 존중이 전제되므로 학습자는 발명 과정에서 자연스럽게 지식에 대한 도덕성을 함양할 수 있다. 이는 IB에서 강조하는 지적 정직성과도 유사한데, 발명 과정은 그 구체적인 실천이 특허 작성과 일체화되어 있어 특별히 강조하지 않아도 쉽게 습관으로 자리 잡는다.

메타 사이클은 과거 지적 유산을 바탕으로 작동한다. 선행 지식에 대한 존중의 철학은 메타 사이클에서 과거 지식을 대하는 자세에도 요구된다. 또한, 지식 간의 경계를 정확히 인식하는 것은 자신의 결과물을 평가하는 분석적 사고에 도움을 준다.

요즘은 플랫폼 경제라고 정의된다. 발명의 관점에서 보자면, 기본적인 기술 인프라로 인해서 선행기술의 영역이 바닥이 보이지 않을 정도로 공고하게 선점된 것이다.

앱, 콘텐츠, 디자인 등의 제작이 기존 플랫폼 위에서 쉽게 이루어진다는 것은 개발자에게는 편리하지만, 발명자에게는 차지할 기술 영토가 줄어든다는 것과 동시에 특허 작성 시 페어플레이(fair play)에 더욱 신경을 써야 함을 의미한다. 기술이 발전할수록 기존 지식에 대한 존중이라는 특허 작성의 철학이 더욱 중요해지고 있다.

* * *

발명은 메타역량이 이끄는 활동인 만큼 발명 과정의 특징은 메타 학습의 그것과 정확히 일치한다. 발명은 인간의 고유역량이라는 큰 그림을 그리고 있는데, 정작 발명 교육이 그것을 이해하지 못하고 뭔가를 만들어 내는 데에만 급급하다면 메타 학습의 효과를 기대할 수 없다.

발명 과정의 특징을 고스란히 학습에 반영할 수 있을 때 메타역량 강화라는 발명의 교육적 효과를 달성할 수 있을 것이다.

얕은 지식 현상 vs 창의성

방향성을 탐구하지 않고 그대로 모방하거나, 원인 분석을 하지 않고 문제를 해결하려는 것이 얕은 지식 현상이다. 이는 창의성 및 메타역량과 반대되는 속성의 결과이다.

우리 사회는 걸핏하면 창의적 사고를 강조하지만, 정작 그것이 무엇인지는 설명하지 못한다. 막연하게 남다른 개성이나 끼가 창의성으로 둔갑하기도 한다.

타고난 모든 역량은 고유역량으로 수렴된다. 따라서 메타역량을 모르면 창의성을 언제 왜 어떻게 발휘하는지 모를 수밖에 없다. 메타 사이클을 막아 놓고 말로만 창의성을 외치기 때문에 현실에서 창의성의 쓰임을 알기 어렵다.

창의성은 메타역량의 조력자이며, 현상의 원인을 깊게 파고들어 변화의 방향성을 도출할 때 필요하다. 고유역량을 돕는 창의성 역시 메타 사이클의 궤도 위에서 발현되는 것이다.

지식의 맥락을 파악하는 과정에서 발휘되는 개인의 창의성은 부족한 지식의 고리를 채우고 과거의 잘못된 궤적까지 꿰뚫게 한다. 자연과 직결된 불가사의한 정신 작용이지만 심도 있는 원인 분석 과정 위에서 지식을 보완하며 발현한다. 도움닫기처럼 지식을 바탕으로 뛰어오를 수 있는 능력이라고 할 수 있다.

판단 기준이 성숙해 가면서, 창의성도 성장한다. 지식과 창의성은 씨줄과 날줄처럼 서로 엮여 판단 기준을 만들어 가는데 그 과정에서 천차만별의 창의성이 지식 세계에 관여하고 접목한다.

높은 수준의 창의성을 가진 사람은 과거 지식으로부터 남다른 판단 기준을 정립하고 남들이 보지 못한 중요한 가치나 아이디어를 도출할 가능성이 커진다.

창의성과 메타역량은 분리해서 존재할 수 없다. 창의성 없이는 메타역량의 성장도 한계가 있으며, 메타역량을 억제한다면 창의성 역시 발현될 수 없는 것이다. 기존에 없던 것을 만들어 내는 발명이야말로 창의성이 관건이다. 발명에서의 창의성은 기술 수준을 견인하고 원천 기술에 다가가게 하는 원동력이라고 할 수 있다.

메타역량이 사라진 사회에 창의성이 남아 있을 리 만무하다. 기존 발명 교육이 목표로 하는 '창의적 문제 해결력'이란 정해진 경주로를 더 빨리 더 효율적으로 달릴 방법을 모색하는 것에 불과하다.

경주로 자체에 의문을 갖고 다른 길을 살피는 진정한 창의성은 메타역량과 함께 자취를 감추고 있다. 메타역량을 모르는 교육에서 창의성을 외치는 것은 애초에 불가능한 구호이다.

창의성이 사라지면 대중적 문제 해결이 판친다. 원인은 모르지만, 해법은 넘쳐난다. 일례로, 병의 원인은 몰라도, 그것을 고친다는 약은 약국에 가득하다.

문제의 근본 원인을 무시하면 현상에서 벗어나는 것이 유일한 해법이 된다. 열이 나면 열을 만드는 물질의 작용을 억제하고 통증이 생기면 그 통증을 느끼지 못하게 하는 약을 만든다. 약의 작용 기전을 통해 통증이나 열의 원인도 규명되었다고 생각하는 것이다. 창의성이 사라지면 현상 너머의 다른 요인은 보려고 하지 않는다.

근본 원인과 무관하게 제도를 개선하고 발명이나 연구를 하게 되면 해법이란 것은 늘 응급조치 수준에 머문다. 미래를 선도하지 못하고 현재에 갇히는 것, 이것이 패스트 팔로워(fast follower)의 운명이며, 아무리 R&D에 투자해도 원천기술이 탄생하기 어려운 이유이다.

원천기술은 해당 분야의 변화 방향을 변경하고 선도할 수 있으며, 응용기술은 기존 질서를 더욱 확장하는 역할을 한다. 나무와 풀이 함께 어우러져 숲의 생태계를 이루는 것처럼, 원천기술과 응용기술 역시 각자의 역할이 있으며 적절한 균형 속에 공존하는 게 바람직하다.

다만, 후발 주자로서 원천기술을 확보하기 위해서는 창의성이 더욱 요구된다. 이미 촘촘하게 점령된 기술 영토에서 원천기술의 가능성을 높이기 위해서는 창의성을 위한 학습 과정이 필요하지만, 추격자를 위한 실제 교육은 정반대로 작동한다. 과학 분야 노벨상 수상자 없다거나 원천기술이 부족하다고 하소연하게 하는 주요 원인은 교육에 있다고 할 수 있다. 창의성을 외치지만 정작 창의성을 발현할 토대는 치워 버린 것이다.

학습 과정에서 약화된 창의성이 현장에서의 원인 분석 실패로 이어지고, 이러한 연구 개발 과정이 다시 창의성 약화를 가속하는 악순환의 고리를 만들고 있다.

예를 들어서, 도로의 타이어 분진 문제를 해결한다고 하자. 사고 과정에서 메타 사이클이 생략되면, 타이어 분진의 발생 원인을 분석하기보다는 발생한 분진을 없앨 대중적 방법만 고민하게 된다. 그 결과, 도로 주변에 분진을 흡입하는 장치를 설치하거나, 기껏해야 분진 발생을 자동 감지하여 작동하게 하는 센서 장치가 부가될 것이다. 원인 분석을 생략하는 발명 과정은 발명 품질과 창의성의 수준을 동시에 낮춘다.

그러나 고무 타이어가 닳아 없어지는 문제 원인을 좀 더 깊게 분석하다 보면 타이어 재료나 타이어 구조 혹은 노면 상태 등을 문제로 재정의할 수 있다. 타이어 분진의 발생 원인을 보다 근본적으로 분석하면서 창의성이 강화되고 원천기술이 탄생할 가능성도 커진다.

깊이 있는 원인 분석을 생략함으로써 변화를 이끌지 못하고 결과를 박제하기 바쁜 얇은 지식 현상은 모든 분야에서 창의성을 몰아내고 결과물의 수준을 낮춘다.

창의성은 누구나 타고나지만 어떤 학습을 하느냐에 따라서 최종 수준은 천차만별이다. '왜?'라는 원인 중심의 사고를 할수록 강화되며, 대중적이고 즉각적인 해결에 익숙해질수록 약화된다.

원인과 결과 중 어디를 조명할 것인가? 인간은 평범해 보이는 일상 속 사고 습관에서 어디까지 성장할 것인가를 스스로 선택하는 것이다.

II

메타역량을 위한
진짜 학습

현대는 극한의 기술 중독 시대이다. 모든 중독이 그렇듯 기술에 대한 의존이 심해질수록 인간은 점점 무력해진다. 따라서 시대적 요구는 어긋난 균형을 맞추는 것이지 기술의 질주에 무게 추를 더하는 것이 아니다.

그러나 그림에 바짝 눈을 대고서는 그림이 똑바로 걸렸는지 알 수 없는 법이다. 메타역량이 약화하면 현실에 매몰되어 전체 상황을 볼 수 없고 문제가 무엇인지 판단할 수 없다. 불타는 집에서 잠자고 있는 격이라 깨어나기 전에는 불을 감지하지 못한다.

더 늦기 전에 메타역량을 깨워 문명의 폭주를 멈춰야 한다. 유발 하라리조차도 『호모 데우스』의 예언들은 아직 '가능성'이라면서 다른 미래를 원한다면 새로운 방식으로 생각하고 행동해야 함을 말한다.[22]

인간의 메타역량은 세상의 균형을 살피는 제어 시스템이다. 올바른 방향으로 가고 있는가를 살필 수 있는 이 힘이야말로 이 시대가 간절히 원하는 것이다. 지식을 숭상하기 바쁜 기존의 정답 교육으로는 어림도 없다.

메타역량을 위한 인간의 학습은 지식의 방향성을 도출하고 문제를 정의하는 메타 사이클의 순환 과정이다. 이를 통해 가치 판단 기준을 성숙시키는 것이, 인간의 진정한 성장이며 어느 시기의 누구라도 도전해야 할 일이다. 아무도 늦지 않았다.

---

22 『호모 데우스』(미래의 역사), 542p, 유발 하라리, 김영사 참조.

1
메타 학습의 출발점

뜻을 세우는 일

인간은 인터넷 기술을 창조하는 도구일 뿐이고, 만물 인터넷이 우주까지 확장되면 우주 규모의 데이터 처리 시스템이야말로 신과 같을 것이라고 한『호모 데우스』의 한 대목은 기술지상주의의 압권이다.[23]

이것은 돌멩이가 도를 닦겠다고 하는 것처럼 허무맹랑한 얘기임에도 시원하게 웃어넘길 수 없는 것은 자신의 존재 이유를 잊은 인간의 자화상 때문이다. 신기술을 앞세운 도발은 인간이 비로소 자신을 돌아보고 잊힌 질문을 꺼내는 계기가 되고 있다.

"당신이 이곳에 온 이유는 무엇입니까?"

인간은 자신을 포함한 모든 대상에게 이 세계에 존재하게 된 이유를 질문할 수 있다. 마치 의사가 환자에게 어디가 아픈지 묻는 것처럼 존재에 대한 이 본원적 질문은 존재를 진단하고 문제를 살피는 따뜻하

---

23 『호모 데우스』(미래의 역사), 521p, 유발 하라리, 김영사 참조.

고 귀한 힘이다.

그러나 잘못된 학습이 끈질기게 메타역량을 억제함으로써 인간 고유의 작용을 이해하고 실현하는 사람은 매우 드물게 되었다. 마치 눈가리개를 씌운 경주마처럼 현대인의 관심 대상은 매우 한정적이며 대상 본연의 존재 이유를 분석하기보다는 사회의 욕망을 기준으로 의미 없이 문제를 정의한다.

존재 이유를 외면하게 되면 찾아낸 문제들은 근시안적이고 흥미롭지 않으며 그 순간 진짜 중요한 문제는 방치될 수밖에 없다. 경쟁이라는 이름으로 다른 이의 이정표를 따라가느라 정작 자신의 여정을 잊어버리면 인간은 정말 닭보다 조금 더 영리한 동물 그 이상도 이하도 아니게 된다.

사정이 이렇다 보니, 인공지능과 비교를 당해도 뾰족하게 반박할 수 없으며, 환경과 생태계 앞에서는 오염원에 불과할 뿐이다. 한낱 잡초도 자신의 일을 해내는데, 하필 가장 우수한 두뇌를 가지고 태어난 인간만이 자신의 작용을 상실하고 공짜 밥을 먹는 것이 과연 언제까지 가능할 것인가. 신기술의 위협을 일축하거나 그 배경을 무시할 수 없는 이유가 여기에 있다.

어느 때보다 치열한 경쟁 속에서 힘들게 하루하루를 살아내는 현대인임에도 인간의 역할을 상실한 이유는 무엇인가. 누구나 바쁜 일상을 보내고 제 역할을 해내기 위해서 노력하고 있음에도 그것이 인간의 역할과 괴리되는 것은 자신이 하는 일이 인간의 일에 부합하도록 하는 방법을 모르기 때문이다.

인간의 일은 존재 이유를 기준으로 문제를 찾는 것이다. 따라서 어떤 분야에서건 마땅히 실현되어야 하는 궤도를 기준으로 거기에서 벗어난 궤적을 찾아 미래의 방향을 제시한다면 비로소 자신의 일을 통해서 인간의 일을 하고 있다고 할 수 있다.

메타역량이 어떤 문제를 선택하느냐에 따라서 사회에는 유·무형의 다양한 변화가 발생하며, 더 가치 있는 문제를 찾기 위해 노력할 때 인간의 가치도 함께 올라간다. 마치 모든 문제가 인간의 손길을 기다리는 상황이며 인간은 거기서 우선순위를 정할 수 있어야 한다.

문제를 보는 판단 기준이 성숙할수록 가치 있는 문제를 찾을 가능성이 커진다. 잘못된 궤적을 찾아내기 위해서는 올바른 궤도를 알아야 한다. 이미 가고 있어야 하는 가장 이상적인 방향 즉, 대상의 존재 이유에 최대한 가까운 궤도를 파악하는 것이다. 그래서 메타 학습은 존재 이유를 묻는 것으로 시작한다.

그러나 아침에 눈을 떠서 잠들 때까지 디지털 세상에 사로잡힌 현대인에게 메타 사이클로 들어가는 문은 찾기 힘든 입구이다. 어린아이, 노인 할 것 없이 디지털 기술이 만드는 환상에 과몰입된 현실은 메타 학습의 최대 걸림돌이라고 할 수 있다. 따라서 현실의 중력을 이기고 메타역량을 회복하기 위해서는 남다른 각오가 필요하다.

인간이 학습에의 뜻을 세우는 일은 삶을 헛되이 보내지 않겠다는 의지와도 같다. 욜로니 소확행이니, 막다른 길을 향한 이정표가 아닌 가슴 뛰는 항해를 위한 진짜 이정표를 찾는 작업이다.

공부해야 하는 많은 이유가 있지만, 인간으로서의 작용과 역할이 학습의 동기가 된다면 더없이 완벽한 시작이라고 할 수 있다. 교사가 학습자의 이런 마음가짐을 도울 수만 있다면 사실 다른 교육은 사족이 된다. 반대로, 뜻을 세우지 않고는 무엇을 배워도 욕망에 무게를 더할 뿐 메타역량으로 이어지기 어렵다는 말이기도 하다.

> "사람이 비록 힘들여서 무엇을 좀 하고자 할지라도, 뜻이 서 있지 않으면 잠깐 하다가 또 잠깐 거두어 버리게 되어 도에 들어갈 수가 없다. 그러므로 반드시 뜻을 세우고 또 먼저 궁리하는 것이 필요하다." -『하학지남』-

학습은 남과의 경쟁이 아니라 인생의 항해를 준비하는 나만의 과정이고 늘 자신의 의지가 변수이다. 따라서 성장의 시간을 버텨 낼 수 있도록 공부에 대한 의지를 굳건히 하는 일은 모든 학습에 앞선다.

만일, 어린 학습자라면 자연의 생태를 배우고 체험하는 것에서 시작하면 된다. 이는 단순히 학명, 생김새, 서식지 등과 같은 정보를 넘어서 만물이 어떻게 자신의 일을 해나가면서 자연 속에서 조화하는 지를 배우는 것이어야 한다.

각자의 고유역량에 기반하여 유기적으로 연결되는 자연의 퍼즐 맞추기에 중점을 두다 보면, 어느 순간 자신의 위치를 인식하게 되고 성장의 동기가 생기는 자연스러운 과정을 경험할 수 있게 된다.

이것이 저학년 자연관찰 과목이 필요한 진짜 이유이다. 물론 현실의 교육처럼 어떤 기준으로 왜 교과서를 차지하고 있는지 알 수 없는 조각 난 지식으로는 기대할 수 없는 효과이다.

존재 이유를 통해 문제를 찾아가는 메타 사이클은 인간의 메타역량을 위한 설계도이다. 인간의 학습은 메타 사이클을 바탕으로 사고하는 것이며, 메타 사이클로 향하는 입구는 자신의 역할을 해내겠다는 굳은 의지로 여는 것이다. 특히, 환상이 점령한 현대에는 뜻을 세우는 일이 더욱 어렵고도 중요하다.

문제를 찾기 위해 메타 사이클로 향하라

인간을 한마디로 정의하자면, '문제를 찾는 존재'이다. 질문을 강조하는 유대인 교육이 리더의 교육으로 인식되는 것도 인간의 고유역량과 관련이 있다고 할 수 있다.

문제를 찾는다는 것은 미래의 변화 방향을 바꾸는 일이며, 자신의 미래를 스스로 결정한다는 것을 의미한다. 그래서 만일 세상을 자기 욕심대로 이끌기를 원하는 사람이 있다면 그는 사람들이 더 이상 문제를 찾지 않길 바랄 것이다.

실제로 모든 인간의 성장을 책임져 온 문제 내는 교육으로 인해 사람들은 스스로 문제를 찾는 것보다는 문제가 주어지는 상황에 더 익숙해지고 말았다. 문제 찾는 일을 포기하면 인간은 삶의 주인이 아니라 누군가 던져 준 문제의 지배를 받는 대상이 된다.

문제가 지배하는 세상에서는 무력이 아닌 구호와 어젠다가 전면에 서기 때문에 사람들은 민주주의가 실현된 것으로 착각할 수 있다. 그러나 진정한 민주주의는 모두가 각자의 문제를 찾는 것이다. 주어진 문제만 풀도록 두뇌를 개조하는 것이야말로 보이지 않는 가장 잔인한 폭압이다.

예를 들어 유발 하라리가 자문하고 있는 세계경제포럼(구. 다보스 포럼)은 민간 회의임에도 매년 '4차 산업 혁명'이나 '그레이트 리셋' 같은 글로벌 어젠다를 제시하며 세계 경제가 움직일 방향을 선도하고자 한다. 그리고 미디어를 통해서 누군가 세워 놓은 이정표를 접하게 되는 사람들은 그것을 거역할 수 없는 흐름으로 인식할 뿐 소수가 문제를 내는 상황을 이상하게 여기거나 그들의 문제를 비판할 생각이 없다. 성장기 내내 지식의 권위에 복종하고 주어진 문제만 풀도록 훈련시킨 공교육 덕분이다.

제도권 교육은 그 숱한 교육개혁을 시도하고 여전히 시행착오를 계속하면서도 문제 내는 프레임만큼은 손대지 않는다. 시대를 막론하고 교육이 늘 무능해 보이는 까닭도 인간을 기존 질서라는 높은 담장 안에 가두고 그 너머의 문제를 보지 못하게 하는 보이지 않는 구속 때문일 것이다.

현실의 교육은 너 나 할 것 없이 평가를 명분으로 문제를 던져 주는 방식을 취한다. 그 문제가 진짜 중요한 것인지 혹은 나의 관심사인지 따질 겨를도 없이 학생들은 점수를 잘 받기 위해서 경쟁적으로 정답을 맞혀야 한다.

교육을 통해서 인간은 문제를 찾는 존재에서 정답이나 외워야 하는 처지로 전락하는 것이다. 미래는 문제를 내는 소수에 의해 방향이 결정되고 인간은 정해진 코스를 달리는 경주마처럼 그 끝에 무엇이 있는지도 모른 채 내달려야 한다.

그러나 호모 데우스식의 미래에 동의하는 게 아니라면 문제 찾는 일을 더 이상 남에게 위임하지 않는 것이 바람직하다. 이제라도 흔적처럼 남아 있는 메타 사이클의 입구를 찾아 메타역량을 위한 학습을 시작해야 한다.

기존 질서에 가두어 인간을 대상화하는 교육 현실에서 인간을 위한 특별한 교육 같은 것은 없다. 그나마 희망적인 것은 정신 작용인 인간의 고유역량은 어떠한 법과 제도로도 막을 수 없다는 점이다. 조용히 생각을 일으켜 문제를 찾아 메타 사이클로 향할 수 있다면 필요한 모든 것은 준비되었다.

지식을 대하는 올바른 자세

학습에서 지식 자체가 목표가 되어 버리면 지식을 추종하는 데 그치고 인간의 지적 성장도 거기서 멈추게 된다.

> "탐내는 바가 있어 글을 읽는 자는 아무리 읽어도 깨우침이 없다." -『성호사설』, 이익 -

산 정상을 가리키는 이정표를 산 정상으로 착각해선 안 되는 것처럼, 학습은 지식이 가리키는 방향을 파악해야지 지식 자체를 안다는 것에 집착해서는 안 된다. 지식은 인과관계 위에서 탄생하며, 그 변화의 과정에는 무언가를 가리키는 방향성이 숨어 있다.

인과관계를 투영하는 모든 지식은 목표가 아니라 목표를 가리키는 이정표이며 끊임없는 변화의 과정에 있다. 어떤 지식도 인과관계를 벗어나 존재할 수 없으며 이 연결 고리를 끊어 낸 단편적인 지식은 각주구검(刻舟求劍)처럼 무의미해진다. 지식은 흘러가는 강물처럼 맥락을 따라 이어지므로, 지식 이면에 숨은 맥락을 모르고는 배웠다고 할 수 없다.

예를 들어서, 수학의 적분법을 배울 때에도 공식에 대입해서 문제 풀이만 해서는 흥미도 발전도 기대할 수 없다. 결국, 인간이 계산기를 이길 수 없으므로 4차 산업 혁명 시대에서 도태되는 지름길이기도 하다. 적분이 왜 필요했고 어떻게 발전되어 왔는지 또 한계는 무엇인지 그 맥락을 배운다면, 학생들은 철칙처럼 보이던 적분법도 여전히 변화의 과정에 있다는 사실을 알게 된다. 방향성을 알게 되면 새로운 적분법을 만들고 싶다는 의욕이 생길 수도 있다. 그렇다면 누가 시키지 않아도 기존 적분법을 더욱 깊게 탐구할 것이다.

지식을 답습하는 것은 인간의 메타역량을 억압하는 잘못된 학습법이다. 학습 과정에서 원인 분석을 통해 지식의 정수라고 할 수 있는 변화의 방향성을 파악했다면 지식은 형체 없이 사라져도 좋다.

참고했으면 떠날 줄 아는 것이 지식을 대하는 올바른 자세이다. 구슬이 서 말이라도 꿰어야 보배라는 속담처럼 많이 아는 것에 만족할 게 아니라 변화의 맥락을 찾아 가치 기준으로 승화시킬 수 있어야 진정한 성장이 가능하다.

우리가 나아가야 할 방향은 과거의 지식 속에서 찾아야 한다. 각각의 지식에서 인과적 맥락을 파악하게 되면 비로소 애초의 존재 이유인 방향성을 알 수 있으며, 이를 기준으로 현재에 잘못 찍힌 점들을 찾아내거나 필요한 점을 새롭게 찍는 것이 가능하다.

즉, 메타 사이클의 순환을 통해서 예를 들어 원과 같은 형태의 방향성을 파악했다면, 앞으로 그려 가야 할 그림을 알 수 있다. 계속 원을 완성해 갈 수도 있고 원이 아닌 새로운 방향을 선택하여 다른 그림을 시도할 수도 있는 것이다. 다만 방향 전환을 할 때는 원인 분석의 실패에 따른 실수나 임의의 선택이 아니라 도출된 방향성에 기반한 최선의 선택이어야 한다는 점이다. 방향성을 모르면서 방향을 정하는 것처럼 위험하고 무모한 일은 없다.

문과 이과의 구분을 없애야 하는 이유

적성이라는 명분으로 사람들을 문과와 이과로 나누는 것은 인간의 완성을 막는 기묘한 트릭의 한 예이다. 그래도 예전에는 전인 교육이 강조되었지만, 어느 순간부터 진로와 적성만이 목표가 되고 '전인(全人)'이라는 말은 교육과정에서 사라졌다. 인간은 독립된 존재로서 완전해지기보다는 더욱 부품화되어 가는 중이다.

현실의 교육은 문제를 정해 주는 방식을 고수함으로써 메타 사이클 자체를 붕괴시키는가 하면, 문과와 이과 등의 지식 담장을 만들어 어느 범위 이상은 아예 쳐다보지도 않게 만든다. 과거의 위인들은 거의 모든 분야에서 두각을 보이는 것이 흔한 일이었다. 현대는 적성을 찾는다며 멀쩡한 사람을 반쪽 뇌만 사용하도록 개조해 온 교육 덕분에 이과생이 예술이나 문학에 약간의 조예만 있어도 놀라는 세상이 되었다.

말할 것도 없이 반쪽짜리 생각으로는 메타 사이클을 완주할 수 없다. 순환 과정에서 한계에 부딪히며 근본적인 문제에 다가갈 수 없다.

메타 학습은 지식의 영역을 구분하지 않는다. 철학이 이끌고 다양한 실용 학문으로 생각을 검증하고 구체화하는 과정이 하나의 교육과정에서 모두 이루어진다. 즉, 실용 학문이 감지한 문제는 철학적 시각에 의해서 더 근본적인 문제로 연결된다. 또한, 실용 학문은 정립된 방향성이 구체성과 실현성을 가질 수 있도록 검증하고 뒷받침한다.

지식 장벽 없이 다양한 생각이 메타 사이클에 적용되는 과정을 앞에 나왔던 '타이어 마모에 의한 미세 분진'이라는 문제를 통해 이해해 보자.

타이어 분진 문제를 대상으로 하는 최초의 접근은 분진을 사후 처리하려는 기술적 시도이다. 예를 들어서, 도로 주변에 분진 흡입 장치를 설치하는 것이다. 여기서 좀 더 개선하자면 분진 발생의 정도를 자동 감지하여 작동하는 장치 정도가 추가될 수 있다.

메타역량이 약한 경우에는 이처럼 문제의 원인 분석보다는 현상의 해결이라는 대중적 요법을 선택하게 될 가능성이 크다. 실제로 여러 학생발명대회에서 입상하는 발명들을 보면 대부분 대중적 해결 위주이다. 기존의 모든 전제를 그대로 수용하면서 즉각적으로 문제가 해소될 수 있다는 장점이 있으면서도, 깊은 원인 분석을 생략할 수 있어 쉽게 접근할 수 있기 때문이다.

다음으로는 분진을 발생시키는 원인에 좀 더 집중하는 것이다. 타이어의 재료나 구성 성분의 조정, 타이어 구조의 개선 또는 노면의 개선을 통해 마모 문제 자체를 줄이는 기술을 연구한다. 이는 심화 학습처럼 기존 기술 수준을 뛰어넘는 시도이며, 성공한다면 원천기술이 탄생할 수도 있다.

만일 여기서, 사회 시스템의 관점으로 문제를 바라본다면, 타이어 분진 해결을 위한 기술적 문제를 넘어서 차량의 운행 자체를 줄일 방법을 모색할 수 있다. 동선을 최적화하고 여기에 차량 배차 시스템을 공동 운영함으로써 물동량은 유지하면서 차량 운행 거리는 최소화할 수 있다. 분진 발생의 총량을 줄이기 위한 사회적 합의를 포함하는 융합적 접근이 가능하다.

좀 더 철학적으로 사유할 수 있다면, 타이어 분진이라는 이슈를 통해서 인간의 이동 자체에 의문을 갖고 더 높은 시야에서 문제를 바라볼 수 있다. 당연하게만 생각했던 현대 사회의 긴 이동 거리에 대해서 그 원인과 의미를 질문하는 것이다. 이와 같은 성찰은 자동차의 이용에 따른 득과 실을 따져 보게 하고 잦은 이동에 따른 가치관의 변화를 관찰하게 한다. 타이어 분진 문제가 궁극적으로는 과도한 욕망이라는 진짜 문제와 만나는 것이다.

이처럼 개인에 설정된 지식 영역의 제한이 없다면 인간은 다양한 생각으로 더 많은 화두가 생기고 더 근본적이고 중요한 문제에 다가갈 수 있다. 그런데 문과와 이과라는 벽을 만들게 되면 생각은 그 벽에 부딪혀 발전을 멈춘다. 이과는 기술적 문제 해결에만 몰두하고 그 이상은 보지 못한다. 문과는 말단이 야기하는 최초의 문제를 포착하지 못하여 실생활의 변화를 이끄는 데 실패하고 늘 말뿐인 개혁을 외칠 공산이 크다.

결국, 아무도 어디에 어떤 문제가 방치되고 있는지 전체적 조망을 하지 못하고, 누군가가 급히 가져온 고장 난 의자를 고치는 것이 전부인 사회가 되는 것이다.

메타 사이클은 계속되는 원인 분석 및 문제 정의를 통한 순환이 핵심이며, 어떤 장애물도 없다면 궁극적으로 욕망이란 정점에서 우리를 만나게 할 것이다. 모든 오류는 욕망을 제대로 다루지 못하여 대상의 존재 이유가 무시될 때 시작되므로, 욕망은 항상 마지막 문제로 정의될 가능성이 크다.

인간 사회의 모든 문제는 인간이 정해 놓은 애초의 존재 이유가 단초이므로 어느 분야에서건 메타 사이클은 존재 이유 해석을 위한 철학적 영역으로 이어질 수밖에 없다. 그 긴 인과관계 속에서 하나의 문제가 아닌 문제 더미가 순차적으로 모습을 드러내게 된다. 그 해결은 분야에 따라 역할을 나눌 수 있을지라도 문제의 전체적인 윤곽을 파악하여 나온 변화의 방향성은 모두에게 공통적으로 허락되어야 한다.

반쪽짜리 두뇌로 특정 소수가 설정하는 어젠다의 맞춤형 부품이 되거나 잉여 인력으로 사는 것은 인간다움이 아니다. 어떤 장벽도 없이 메타 사이클을 완성하고 도출된 방향성을 모두가 이해할 때 비로소 사회는 납득할 수 있는 것이 되고 올바른 방향으로 변화할 수 있다.

모든 지식은 바다처럼 서로 자유롭게 왕래하고 있는데, 이를 문과와 이과 같은 구분으로 억지로 갈라 놓으면 양쪽 다 고인 물이 되는 것은 시간문제다. 적성이라는 그럴싸한 명분을 앞세워 문과와 이과 모두 메타 사이클을 완성할 수 없는 환경이 조성되고 있음을 경계해야 한다.

그렇다고 해서 현실에서처럼 무조건 문과와 이과의 교과목 몇 개를 통합해 놓는다고 해서 문제가 해결되는 것이 아니다. 학습이 메타 사이클의 순환 과정을 바탕으로 유기적으로 설계되지 않으면 어디에 쓸지도 모를 암기 과목만 늘어나는 것에 그치고 말 것이다. 인간에 대한 무지야말로 모든 교육개혁이 실패하는 근본 원인이다.

메타 학습의 인재상

메타 학습은 인간의 고유역량인 메타역량을 강화하기 위한 학습법이다. 인간은 메타역량이 있기에 존재 이유를 궁금해할 수 있으며, 거기서 방향성을 도출하여 문제를 찾고 미래를 만들어 간다. 즉, 문제를 찾아 변화의 방향을 결정하는 것이 인간의 일이다.

따라서 어느 시대나 지배자가 되고 싶은 사람은 자신이 찾은 문제를 사람들 앞에 가져오고, 지배를 당하는 사람들은 주어진 문제를 해결하느라 정작 자신의 문제는 돌보지 못한다. 날지 못하는 새에게 활력을 기대할 수 없는 것처럼 이유도 모를 남의 문제에 에너지를 소모해야 하는 삶에서 인간이 활력적이기는 쉽지 않다.

자연 속에 홀로 지내면서도 더 행복하다는 TV 속 자연인들은 거짓말을 하는 게 아니다. 스스로 문제를 찾아 움직이는 일상에서 인간 본연의 작용을 느끼기에 가능한 소회이다.

반면, 주어진 문제를 풀어야 하는 학생이나 주어진 일을 해야 하는 직장인은 늘 피로에 시달리는데, 그들의 하루가 자연인의 하루보다 더 힘이 들어서가 아니다. 핵심적 차이는 스스로 찾은 문제에 몰두하고 있는가이며, 이것이야말로 진정한 자기 주도를 가능하게 하는 원동력이라고 할 수 있다.

사회에 항상 많은 문제가 산적한 것은 사람들이 문제를 찾지 않기 때문이다. 더 정확하게는 문제를 찾는 메타역량이 자취를 감춘 것이 원인이다.

사람들의 일상은 누군가가 던져 준 문제만으로도 이미 과부하 상태이다. 소수가 문제를 내고 다수가 푸는 구조에서 사람들은 문제를 해결하기 위한 과열 경쟁에 매몰된다. 그 순간, 정작 중요한 문제는 방치되어 위기를 키운다.

어떤 정치 체제도 인간의 고유역량까지 소수에게 위임하도록 요구하지는 않지만, 사람들은 쉽게 자신의 문제 찾기를 포기하고 문제가 주어지길 기다린다. 교육이 주도해 온 점수 경쟁이 인간의 직무 유기를 습관화하고 정당화한 결과이다.

메타 학습이 추구하는 인재상은 '문제를 찾는 인간'이다. 이는 인간의 고유 작용과 일치하는 것이므로, 정상적인 학습에서라면 지극히 당연한 선언이다.

현실의 교육이 강조하는 어떤 인재상도 이 고유 작용으로 수렴되지 않는다면 잘못된 목표라고 할 수 있다. 메타 학습은 인간이 본연의 작용을 회복하여, 가짜 문제에 삶을 허비하는 대신 진짜 문제를 찾아 나서길 희망한다.

인간이 찾아야 하는 문제는 생존에서 형이상학의 영역까지 넓은 스펙트럼을 가지지만, 그 끝에는 항상 욕망의 문제가 기다리고 있다.

욕망을 소중히 여기는 사람들에게는 해괴한 소리가 될지 모르지만, 메타역량은 우리에게 욕망에 휩쓸리기보다는 그 흐름을 제어하라고 말한다. 욕망은 필수 불가결한 생존 명령이나, 항상 왕성하여 적절한 통제가 없으면 인간을 동물적 삶에 붙잡아 두고 존재 이유를 망각하게 하기 때문이다. 부족한 것은 늘 메타역량이다.

인간의 삶은 욕망과 메타역량이라는 두 바퀴로 굴러간다. 대상을 초월하기보다는 대상에 매몰되도록 하는 것이 욕망의 작용이라면, 메타역량은 이와는 정반대의 속성이다. 따라서 욕망과 메타역량의 균형이라는 관점에서 변화의 방향성을 파악한다면 훨씬 빨리 문제를 포착할 수 있다.

현재 시급히 해결해야 할 대표적인 문제 중 하나는 기술 문명의 역기능이다. 인간이 원인이 되는 결과는 스스로 개선되는 법이 없으므로 반드시 역기능을 먼저 해결해야만 비로소 순기능을 이용할 수 있다.

신기술은 욕망의 속도를 따라잡고 이제는 아예 욕망을 진두지휘하고 있다. 우리는 기술 덕분에 굳이 몰라도 좋을 일까지 24시간 내내 손 안에서 확인하게 되었고, 쉴 새 없이 공급되는 개인화 콘텐츠는 확증편향을 유발하여 우물 안에 갇힌 사고를 만든다. 정보 제공을 넘어서 추론, 예측, 판단, 결정까지 해 주는 인공지능 덕분에 인간의 생각은 점점 더 부족해지기 쉬운 환경에 놓이고 있다. 최근에는 생성형 AI가 작문까지 척척 해내자 대학과 연구소들은 인공지능의 작업물을 탐지할 수 있는 기술적 방법까지 모색해야 했다. 이외에도 딥페이크 기술은 모든 정보에 대한 신뢰를 무너뜨리기에 충분할 만큼 성장하고 있다.

어쩌면 인공지능이 만들어 가는 세상이란 욕망을 붙잡아 두기 위해 더욱 가짜를 범람시키고 범죄의 무대가 가상 공간에서 무한히 확장되는 것에 불과할지도 모른다.

기술은 장점이 열 개라도 한 개의 치명적인 결함이 그 기술을 폐기 처분할 이유가 되는 것이다. 그러나 인공지능으로 대표되는 신기술만큼은 장점만이 여과 없이 강조되고 때론 위협적이기까지 하다.

　신기술에 대한 맹신이 도를 넘는 것은 욕망을 제어할 수 있는 인간의 메타역량이 잠자고 있기 때문이다. 메타역량의 제어 없이 욕망의 힘으로만 발전해 온 신기술이 인간이 사라진 호모 데우스의 미래를 설계하게 된 것은 어찌 보면 당연한 결과이다.

　앞으로도 계속하여 인간의 메타역량이 제때 문제를 찾지 못하면 인공지능을 앞세운 오즈들에 의해 엉뚱한 제도가 마련될 가능성이 크다. 빅데이터건 알고리즘이건 검증할 수 없음에도 추앙한다면 21세기에 다시 무지와 미신의 세계가 열리는 것을 막을 수 없다.

　폭주하는 기술 문명은 급기야 호모 데우스를 인간의 미래로 제시하였다. 인간이 인간다움을 잃고서 세상에 존속할 방법은 없다. 더 늦기 전에 무엇이 문제인지 어디에서부터 잘못되었는지 분석해야 한다.

　지금 우리에게 필요한 인재는 방치된 진짜 문제를 찾아내는 인간이다. 메타 학습은 기존 질서의 추종자가 아니라 문제를 찾아 변화를 선도할 수 있는 인재, 메타역량을 갖추어 인간의 역할을 해내는 인재를 목표로 한다.

　메타역량을 통해 욕망과의 균형을 맞춤으로써 지금까지와는 다른 시각에서 문제를 찾는 것만이 우리가 이 시대를 성공적으로 살아낼 수 있는 길이다.

2

메타 학습의 실현

메타역량은 존재 이유에 대한 호기심에서 출발하여, 가치 기준을 축적하는 과정을 지나, 궁극적으로는 문제를 찾고 변화를 주도한다. 어떻게 생각하고 어디로 가야 하는지 끊임없이 알려주는 인생의 나침반과도 같다.

메타역량이 약화하면 인간은 욕망의 극성에 이끌려 현재라는 프레임에 갇히게 된다. 욕망의 작용은 인간의 시야를 좁히고 현실에 대해 끝없는 집착을 만드는 것이다. 메타역량은 인간에게 만족과 활력을 주지만 욕망의 끝에는 채워지지 않는 불안과 허무가 기다리고 있다. 무엇을 선택할 것인가?

인간을 이해한다면 교육의 목표는 메타역량에 정조준하여야 하며, 메타 사이클을 바탕으로 설계된 학습이 필요하다. 메타 사이클은 제대로 생각하는 방법을 안내한다. 즉, 물고기를 잡아 주는 대신 물고기 잡는 법을 알려 준다. 특정 지식을 배우기 위한 과정이 아니라 초월적 사고력 자체를 목표로 하는 것이다.

메타 학습은 메타 사이클을 위한 입출력 변수가 필요한데, 유기적 지식과 글쓰기가 그것이다. 학습자를 어부에 비유하면, 유기적 지식은 물고기, 글쓰기는 요리라고 할 수 있다. 어항 구경이 전부인 기존 교육에서 벗어나 이제는 바다에 나가 물고기를 직접 낚아 올리는 메타 학습을 경험할 시간이다.

유기적 지식

메타 학습의 메타 사이클은 유기적 지식의 입력으로 작동한다. 메타 사이클은 결과에서 원인으로 거슬러 올라가는 상향식 사고 과정이며, 이때 사물이나 현상은 인과적 맥락이 살아 있는 유기적 지식의 형태로 인식되어야 한다.

정신의 양식인 지식에도 유기적인 것과 무기적인 것이 있다고 할 수 있다. 대상의 결과적 특징만 설명하는 것이 무기적 지식이라면 변천 과정을 설명하는 스토리텔링은 유기적 지식이다.

인간은 메타역량 덕분에 이야기를 이해하고 공감할 수 있는 유일한 존재이다. 유기적 지식은 역사 이야기로서, 맥락을 바탕으로 재미와 공감을 주고 자연스럽게 장기 기억을 가능하게 한다. 반면, 무기적 지식은 인간이 흥미를 느끼는 이야기적 요소가 생략되어 쉽게 잊힌다.

오랜 시간 부숙한 낙엽이 식물을 위한 좋은 유기 토양이 되는 것처럼 오랜 시간 맥락 그대로 평가되어 온 유기적 지식이야말로 인간에게는 가장 훌륭한 정신적 토양이다. 이것이 역사 공부가 강조되는 이유이기도 하다.

유기적(有機的)이라는 말의 사전적 정의는 '생물체처럼 전체를 구성하고 있는 각 부분이 서로 밀접하게 관련되어 떼어 낼 수 없는 것'이다. 즉, 서로 관련되어 분리될 수 없기에 함께 얽혀 있어야만 완성되는 것이 유기성이다.

여기서, 서로를 관련되게 하는 힘은 인과성에서 기인하는 상호작용이다. 보통, '유기적'이라고 표현할 때는 일정한 인과관계의 맥락 위에서 각 부분이 영향을 주고받으며 변화하는 상태를 가리킨다.

유기적인 것은 몸에만 필요한 게 아니다. 사고의 과정에서도 유기성을 지켜야만 메타역량의 성장을 기대할 수 있다.

유기성을 잃은 단편적 지식은 사물의 이치가 아닌 사물 자체를 정답이라고 강요하는 것이며, 학습을 망각과 싸워야 하는 재미없는 것으로 만드는 주범이다.

다만, 유기적 지식만으로는 부족할 수 있는 정보의 양적 측면은 무기적 지식으로 신속히 보완할 수 있다. 무기적 지식만 다루는 것은 메타역량을 무력화하지만, 유기적 지식에 무기적 지식을 균형 있게 포함하여 보완하는 것은 유익하다. 즉, 범람하는 무기적 지식과 찾아보기 힘든 유기적 지식 간의 붕괴된 균형을 회복할 수 있으면 충분하다.

학습에서 무기적 지식과 유기적 지식 간의 균형은 유기적 지식을 제공하려는 특별한 노력이 있어야만 가능하다.

메타 사이클을 위해서는 조각난 결과만을 나열한 무기적 지식의 교과서 대신 이야기식 백과사전이 가장 이상적인 교재이다.

요즘은 정해진 교과서가 없고 수업 내용을 교사에게 맡기는 것을 자랑으로 여기지만, 학습 과정을 가이드하기에도 바쁜 교사가 교육 내용의 구성까지 책임질 수는 없는 노릇이다. 교사의 전문성은 교육 내용이 아니라 교수법에 있다.

메타 학습은 유기적 지식의 바다에서 학습자 스스로 학습할 내용을 취사선택하는 것이다. 유기적 지식은 기존 지식을 연결하여 재구성하거나 기존 도서를 활용하여 확보해야 한다.

메타 학습에 필요한 유기적 지식의 구성은 각 분야의 전문가들이 팔을 걷어붙여야 한다. 지식의 맥락을 연결하는 유기화 작업은 각 분야의 전문가가 주축이 되고 교육 현장과의 상호작용을 통해 지속적인 수정 및 검증 과정을 거쳐야 한다.

이를 위해서는 국가사업으로 전문가가 해당 분야의 역사를 정리하고 상호 검증할 수 있는 개방형 플랫폼을 마련할 필요가 있다. 지식의 유기화 사업은 정권 혹은 기득권과 무관하게 존속해야 하며 지식에 대한 자유로운 비판 속에서 살아 있는 유기적 지식의 생산을 담당해야 한다. 에듀테크의 가장 바람직한 활용 역시 이를 지원하는 것이다.

유기적 지식 플랫폼은 누구나 접근 가능해야 하며, 학습자가 자신의 관심사에 따라서 탐구 대상을 정하고 인과관계를 파악하는 데 활용할 수 있어야 한다.

만일 에듀테크가 모든 사람의 책상 위로 각자가 원하는 지식을 제공하게 된다면 학습 콘텐츠의 구성을 학생 스스로도 얼마든지 할 수 있게 된다. 학습 내용을 학습자 스스로 정하는 것이 진정한 자기 주도 학습이며 이때 교육의 역할은 필요한 학습 환경을 지원하고 시행착오의 과정을 관리하는 수준으로 대폭 축소될 것이다.

가장 신속하게는, 독서를 통해 메타 학습을 위한 유기적 지식을 확보할 수 있다.

학습을 위한 독서는 완전한 허구나 판타지보다는 사실에 기반한 책을 선택하는 것이 좋다. 각 분야 지식의 변천사를 다룬 책이 가장 바람직하다.

또한, 독서는 많이 읽는 것보다 단 한 권을 읽더라도 메타 학습의 원리로 하는 게 더 중요하다. 학습과 독서는 사실상 동일한 활동이다. 따라서 독서와 글쓰기 역시 불가분의 관계에 놓인다.

이런 원리를 무시한 채 독서량만이 목표가 된다면 독서를 할수록 독서와 멀어지는 길을 선택한 것이다. 불가분의 관계인 독서와 글쓰기를 선후 관계 정도로만 파악한다면 독서도 글쓰기도 모두 실패하고 만다.

독서를 하면서 글 얼개라는 필터로 쓸거리를 획득하고, 최종적으로는 글쓰기로 독서 과정에서 발생한 생각을 정리하는 것이, 독서의 올바른 방법이다. 이런 방식의 독서 활동은 그 자체로 메타 학습이며 메타역량의 성장을 돕는다.

교육이라는 이름으로 유기적 지식을 난도질하고 단편적인 지식만으로 정신의 밥상을 차리는 것은 인간의 온전한 성장을 방해하고 인간을 부품화한다. 인간이 자신의 존재 이유를 찾고 제 역할을 해내기 위해서는 메타역량의 연료인 유기적 지식의 공급이 필수적이다.

진정한 교육개혁은 평가 방식이나 지식 전달 방식의 변화가 아니라 유기적 지식으로의 학습 콘텐츠 변화가 우선이라고 할 것이다.

글쓰기가 이끄는 학습

교육 현장에서 글쓰기는 별도의 활동으로 수행되거나, 평가 단계에서나 논술형이니 서술형이니 하면서 갑자기 모습을 드러내기도 한다. 글쓰기와 학습이 분리되는 것은 글쓰기와 학습의 상호작용을 간과해서 벌어지는 일이다.

글쓰기는 학습을 이끌고 학습의 결과를 축적하는 역할을 한다. 학습과 글쓰기는 별개가 아니라 학습 과정에서 동시에 이루어지는 것이다.

학습과 단절된 글쓰기는 글쓰기와 멀어지는 지름길이다. 글쓰기를 독후 활동이나 특별 활동쯤으로 여겨서는 글쓰기의 장점을 누릴 수 없으며 학습을 완성하기 어렵다.

글쓰기와 학습은 목표와 과정이 같다. 단지 글쓰기는 학습 결과를 글로 재구성한다는 점에서 차이가 있을 뿐이다.

글쓰기에는 글 얼개라는 구조가 존재하여 글쓰기를 위해 필요한 재료가 무엇인지 알려 준다. 글 얼개는 학습 시 무엇을 겨냥할 것인지를 알려 주는 역할을 하며 학습에서 얻는 것이 곧 글쓰기를 위한 재료가 되는 것이다. 글 얼개가 동행하는 학습을 한다면 학습자는 좋은 어구를 가진 능숙한 어부처럼 학습의 효율을 높일 수 있다.

글 얼개가 없다면 학습은 맨손으로 물고기를 잡는 것과 같아서 에너지는 많이 소모하지만 정작 얻는 것은 없게 된다. 또한, 생각을 글로 표현하지 않으면 생각의 누수와 왜곡을 막을 수 없고 지식을 내면화하는 것에 한계가 있다. 머리로만 학습하고 끝난다면 시간이 갈수록 기억은 부정확하고 휘발될 것이다.

만일 지금까지 학습하면서 글쓰기를 한 적이 없다고 자부한다면 긴 시간을 투자한 지식은 두뇌를 스쳐 갔을 뿐 충분한 가치 기준이나 지혜로 승화하지는 못했다고 보면 된다. 자신의 잠재력에 비해 보잘것없는 성장에 만족하며 일생일대의 학습 기회를 허비한 것이다.

학습은 지식을 낚아 요리하여 섭취하고 소화하는 과정이다. 기존 교육은 완제품 같은 정답을 제공하는 방식이므로 학습자가 지식의 바다에서 무엇을 낚아 올릴지 어떻게 요리할지를 고민할 필요가 없다. 선택의 여지없이 일률적으로 주어지는 급식을 먹어야 했다.

그러나 메타 학습은 학습 재료를 낚아 올리는 것부터 스스로 해야 한다. 각자 자신의 요리를 해야 하는 메타 학습은 학습에 필요한 맥락을 스스로 선별하는 과정이 필수적이다. 이때 글 얼개는 지식의 바다에서 핵심적 맥락을 낚아 올리는 도구가 된다.

메타 학습은 글쓰기로 마무리한다. 따라서 필요한 재료를 얻기 위해 지식의 바다에 출정할 때 학습자는 맨손 대신 글 얼개라는 어구를 가지고 시작할 수 있다. 이것이 글쓰기가 학습을 이끈다는 말의 의미이며, 메타 학습은 이를 실천한다.

다만, 어부는 어획할 목표물에 맞는 어구를 준비한다. 목표물과 도구는 상관성을 가지므로, 멸치를 잡으러 가면서 찌 낚싯대를 가져가지는 않는 것이다. 글 얼개는 글쓰기에 필요한 지식을 낚아 올리는 어구에 해당하므로, 글쓰기가 이끄는 학습에서는 글의 종류에 걸맞은 글 얼개부터 준비하는 것이 순서이다.

목표물에 따라 어구가 달라지듯이, 유기적 지식으로부터 방향성을 도출하는 메타 학습 역시 그에 적합한 글 얼개가 따로 있다. 메타 학습의 글 얼개는 메타 사이클의 과정에서 중요하게 생각해야 할 것을 알려 주고 거기에 좀 더 집중할 수 있도록 도와줄 것이다.

안타깝게도 현실에는 글 얼개를 이용하는 글쓰기는 있어도 글 얼개를 이용하는 학습은 찾아볼 수 없다. 이는 글쓰기가 학습과 분리되고, 학습은 글쓰기를 하지 않기 때문이다. 결국, 학습 따로 글쓰기 따로이다 보니 학습은 학습대로 힘들고 글쓰기는 글쓰기대로 힘들게 된다.

애초에 글쓰기를 목표로 학습을 시작한다면, 필요한 지식을 글 얼개를 중심으로 파악할 수 있으므로 학습과 글쓰기 모두 쉬워지며, 학습의 결과는 반드시 축적되어 내면을 성장시킨다. 또한, 이렇게 학습과의 동행을 마친 글쓰기의 결과물을 평가하는 것이야말로, 진정한 논술형 평가일 것이다.

메타 학습은 풍요로운 유기적 지식의 바다에서 직접 낚아 요리한 지식을 내면화하는 과정으로 묘사할 수 있다. 반면, 기존 교육은 바다는커녕 어항 정도만 구경하고는 정해진 급식을 먹는 것으로 소풍이 끝나는 것과 같다. 어떤 방식이 더 흥미롭고 성장의 기회가 될지는 굳이 따질 필요도 없을 것이다.

글쓰기의 의미와 역할을 재정립하고 이를 제대로 활용하는 것이야말로 학습의 성패를 좌우한다고 할 수 있다.

유기적 글쓰기

어떤 종류의 글을 쓰더라도 글에는 핵심적인 주제가 있게 마련이다. 그리고 그 주제는 그냥 하늘에서 뚝 떨어지는 것이 아니고 나름의 유기적 맥락 속에 존재한다. 반드시 과거와 연결되는 좌표를 가지고 탄생하는 것이다.

오늘 바닷가를 거닐며 힐링의 시간을 가졌던 이야기라면 힐링이 필요했던 이유가 먼저 존재할 것이다. 자유의 가치를 주장한다면 자유가 보장되지 못했던 상황이 발단이었을 것이다. 신형 자동차의 장점을 설명하는 것도 과거 모델의 단점이 있었기 때문에 가능할 것이다.

머릿속에 떠오르는 모든 생각이나 감정은 계속되는 인과관계 내에 존재할 수밖에 없다. 따라서 글 주제는 과거의 원인에서 현재의 결과로 이어지는 이야기 흐름 속에 존재하고 이 자연스러운 흐름이 글로 표현될 때 공감을 얻고 설득력을 갖게 된다.

글 주제가 탄생한 이전의 인과관계에 비중을 두고 인과적 맥락을 기초로 글을 작성하는 것을 유기적 글쓰기라고 할 수 있다. 기존 논리적 글쓰기는 반드시 유기적이어야 하는 것은 아니므로 유기적 글쓰기와 논리적 글쓰기는 구분될 필요가 있다.

메타 학습의 결과는 유기적 글쓰기로 정리한다. 유기적 글쓰기는 메타 학습 과정과 흐름이 일치하므로 학습 과정의 결과를 그대로 반영할 수 있다. 원인 분석에서 해법으로 이어지는 서사가 중심축이며 원인 분석에서 도출되는 방향성이 글 주제가 된다.

메타 사이클의 사고 과정에서 자연스럽게 글쓰기의 재료를 획득하고, 이것을 고유의 글 얼개에 맞추어 정리하면 유기적 글쓰기가 완성된다. 이는 마치 준비된 재료로 목표하는 요리를 완성하는 것과 같다. 이 과정을 거치면 메타 학습 결과가 일목요연하게 정리되고 내면화를 돕는다.

결과적으로, 메타 사이클에 입력된 유기적 지식을 소화 흡수하기 쉽도록 재구성하는 과정이 유기적 글쓰기라고 할 수 있다. 유기적 글쓰기를 통해서, 유기적 지식을 쉽게 내면화할 수 있으며, 도출된 방향성은 가치관을 성숙하게 한다. 이제 유기적 글쓰기를 위한 글 얼개만 준비하면 메타 학습을 시작할 수 있다.

글 얼개가 관건이다

'기승전결', '서론 본론 결론'과 같이 글의 흐름을 잡아 주는 글 얼개는 글의 배치와 전개에 짜임새를 만들어 준다.

글 얼개가 있으면 글쓰기가 쉬워질 뿐만 아니라 학습 시 사고 체계가 명료해지는 효과가 있다. 글뿐만 아니라 체계적으로 생각하기 위한 수단이 글 얼개인 셈이다.

글 얼개를 정확히 이해하고 있는 학습자는 학습 과정을 미리 시뮬

레이션한 것처럼 빠르게 필요한 지식을 습득할 수 있다. 학습 시 글 얼개에 들어갈 내용을 중점적으로 파악하게 되므로 학습의 효율성이 올라가기 때문이다.

글 얼개를 제대로 활용하기 위해서는 글 얼개의 개념과 역할을 정확히 이해하는 것이 먼저이다.

예전에는 글쓰기를 글짓기라고 하여 집짓기가 연상되었다. 집은 토대 위에 골조를 세우고 그사이를 다양한 재료로 채워서 완성된다. 최종적으로는, 내장 및 외장 작업을 통해서 더 보기 좋게 만든다.

글짓기 역시 생각의 토대 위에 글 얼개를 세워, 그 사이를 구체적인 내용으로 채우고 마지막으로는 좀 더 멋있게 다듬는다. 글 얼개는 집의 골조와 같다. 글의 구조를 잡아 주어 글이 무너지는 것을 막아 준다.

다른 비유를 들자면, TV에서 어느 유명인이 만능 간장 레시피를 소개하면서 한때 많은 사람이 따라 하는 열풍이 분 적이 있다. 그 당시 만능 간장이 각광받은 이유는 요리가 어려웠던 사람에게도 갑자기 어떤 요리든 자신감을 생기게 했기 때문이다. 만능 간장이 요리의 베이스로서 기본 맛을 잡아 주니까 음식이 맛없을 수 없는 것이다.

글 얼개가 글쓰기에 자신감을 주는 것은 만능 간장의 쓰임과도 같다. 글을 쓸 때 글 얼개가 미리 준비되어 있으면 기본적인 흐름을 놓치지 않고 짜임새 있는 글을 쉽게 구성할 수 있다.

잘 만들어진 글 얼개는 생각의 틀이자 글의 기본 구조가 된다. 글 얼개를 장착한 학습자는 학습과 글쓰기에 자신감이 생기며, 결과물의 품질을 쉽게 끌어올릴 수 있다.

　글 얼개의 다른 부수적 효과는 말하기이다. 글 얼개에 따라 사고하고 글쓰기를 하면 말하기는 마치 프롬프터를 보고 읽는 것처럼 자연스럽게 해결된다. 글 얼개가 생각의 흐름을 잡아 주기 때문에 글 얼개만 떠올리면 말로도 조리 있게 생각을 표현할 수 있는 것이다.

　제대로 된 글 얼개만 있으면 지식의 입력에서 출력까지 일련의 과정을 성공적으로 완수할 수 있다. 글 얼개의 장점을 이해했다면 이제는 메타 학습과 유기적 글쓰기에 적합한 글 얼개를 찾아야 한다.

　실제로 다양한 글 얼개가 제안되고 있지만, 학습은커녕 글쓰기에조차도 도움이 되는 경우가 드물다. 예를 들어서 잘 알려진 '기승전결'이라는 구조도 그렇다. 시작하고 이어서 쓰고 전환하고 결말을 맺으라는데 학습은 고사하고 글 쓸 때조차 모호하다.

　집은 골조만 세워져도 집의 윤곽을 짐작할 수 있듯이, 제대로 된 글 얼개라면 글의 전체적인 윤곽을 쉽게 그려 볼 수 있어야 한다. 만능 간장만 있으면 안 하던 요리도 도전해 보고 싶은 것처럼 글 얼개가 있으면 글쓰기에 자신감이 생겨야 정상이다.

　글 얼개가 있더라도 그것의 개념 자체가 부정확하거나 너무 포괄적이면 글 얼개의 기능을 기대할 수 없다. 글쓰기에도 도움이 되지 못한다면 글쓰기가 학습을 견인하는 것은 당연히 실패할 것이다.

유기적 글쓰기를 위한 글 얼개, 'CORE'

유기적 글쓰기는 원인과 결과라는 인과관계와 변화의 맥락이 살아 있는 글쓰기이다. 유기적 글쓰기의 대표적인 사례는 특허 작성이라고 할 수 있다. 전형적인 메타 사이클이라고 할 수 있는 발명 과정이 투영된 것이 특허 작성이기 때문이다.

특허 작성의 흐름은 발명의 유기성을 드러내기에 적합하다. 즉, 특허 작성의 글 얼개는 유기적 글쓰기에 특화한 것이라 할 수 있다. 따라서 특허 작성 포맷으로부터 어느 글에나 접목할 수 있는 범용적인 유기적 글 얼개를 도출하는 것이 가능하다.

특허 작성은 단순한 공감을 넘어서 특허까지 받아 내야 하므로, 어느 글쓰기보다 치열할 수밖에 없다. 새로운 해법에 대해 독점 배타권인 특허를 획득하려면 글 주제와 해법에 대한 명확한 설득력을 갖춰야하는데, 그 방법은 철저한 원인 분석, 그리고 원인과 해법의 대비이다.

특허 작성 포맷에는 심사에 필요한 사항이 누락되지 않도록 그림 3과같이 법으로 정해진 고유의 글 얼개가 존재한다.

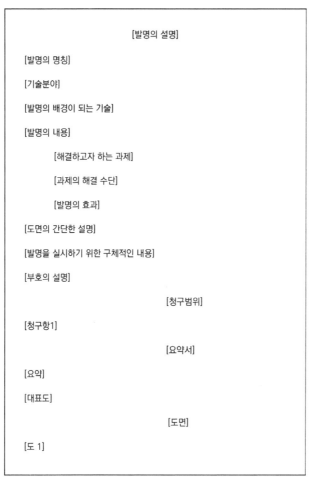

[발명의 설명]

[발명의 명칭]

[기술분야]

[발명의 배경이 되는 기술]

[발명의 내용]

　　[해결하고자 하는 과제]

　　[과제의 해결 수단]

　　[발명의 효과]

[도면의 간단한 설명]

[발명을 실시하기 위한 구체적인 내용]

[부호의 설명]

　　　　[청구범위]

[청구항1]

　　　　[요약서]

[요약]

[대표도]

　　　　[도면]

[도 1]

그림 3. 특허 작성 포맷

　특허명세서라고 불리는 특허 작성 포맷은 문제의 원인에서 해법으로 이어지는 과정을 설명하는데 매우 효과적인 구조이다. 이것을 가공하면 발명뿐 아니라 유기적 글쓰기를 위한 범용적인 글 얼개가 도출될 수 있다.

먼저 특허 작성 포맷을 분석해 보면, 압축-구조화-구체화라는 3단 구조의 글 얼개가 파악된다.

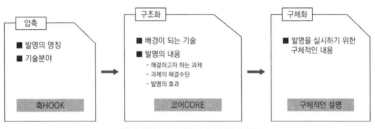

그림 4. 특허 작성 포맷의 글 얼개 구조

1단계는 압축이다. 특허 기재 항목 중에서 [발명의 명칭]과 [기술분야]는 발명의 특징을 압축하여 전달한다. 특허 작성에는 훅(hook)이란 게 필요하지 않지만, 서두에 나오는 [발명의 명칭]과 [기술분야]가 마치 훅처럼 글의 첫인상을 좌우한다. 서두를 여는 부분인 만큼 함축적이면서 발명의 특징이 잘 드러나는 표현이 바람직하다. 특허 작성에서는 일반적으로 발명의 주요 특징과 기술 분야가 결합하는 형태의 정형성을 가진다.

예를 들어, 커피믹스 포장지 발명으로서, 커피믹스 이용 시 커피를 휘저을 수 있도록 포장지 내부에 커피 스틱을 포함하는 기술이라고 하자. 이때 [발명의 명칭]은 「커피 스틱의 보관 부소가 개선된 커피믹스 포장지」 정도로 정의할 수 있다. [기술 분야]에는 [발명의 명칭]을 문장으로 풀어쓴다는 느낌으로 「커피 스틱 보관 공간이 분리 구성되도록 구조가 개선된 커피믹스 포장지에 관한 것이다.」라고 기재할 수 있다.

2단계는 구조화이다. 기재 항목 중에서 [배경이 되는 기술]과 [발명의 내용]을 대비시킴으로써 문제 원인과 해법이라는 인과관계를 구조화하는 핵심적인 부분이다. 여기서, [발명의 내용]은 [해결하고자 하는 과제], [과제의 해결수단], [발명의 효과]라는 하위 구조를 갖는다. 즉, [배경이 되는 기술]에는 배경기술의 문제점과 원인을 밝히고 문제의 심각성을 어필한다.

[발명의 내용]은 문제를 해결하기 위한 해법을 제시하는데, 해법을 다시 목표, 구체적인 수단, 효과의 순서로 구조화하는 것이다. 특히, [해결하고자 하는 과제]는 인과관계의 변화 방향에서 도출된 글 주제에 해당하며 해법이 지향하는 방향성을 기술한다. 이와 같은 세부적인 기재 항목 덕분에 특허 작성에서는 해법이 탄생한 맥락과 필요성을 빠짐없이 일목요연하게 정리할 수 있다.

예를 들어, 위 예제 발명이라면, [배경이 되는 기술]은 커피 스틱이 없어서 불편한 점과 커피 스틱이 포함된 기존의 다른 커피믹스 포장지 사례의 문제점을 기재할 수 있다. 구체적으로는, 「커피믹스는 휴대가 간편하므로 야외 활동 시에도 애용된다. 이 경우 컵에 담긴 내용물을 휘젓는 도구를 따로 준비하지 못한 경우 커피믹스 포장지를 이용하기도 한다. 그러나 외부에 노출된 포장지를 사용하는 것은 위생상 바람직하지 않으며, 커피믹스 포장지에서 용출되는 각종 화학물질 및 중금속에 대한 문제도 간과할 수 없는 문제다. 따라서 커피믹스 포장지에 1회용 종이스푼이나 커피 스틱을 구비한 다양한 구조의 커피믹스 포장지 개량 기술들이 제안되었다. 그러나 종래에는 커피 스틱이 내용물과 직접 혼합되어 위생상의 문제가 있고, 절취선 개봉 시 내용물과 스틱이 함께 쏟아지게 되면 사용상 불편과 안전문제를 초래할 수 있다.」정도로 기술할 수 있다.

[발명의 내용]에는 해법을 소개한다. 특히, [해결하고자 하는 과제]는 개선의 방향성을 기술한다. 예제에서는 「종래 문제를 해결하기 위하여 커피 스틱을 보관할 수 있는 내부 공간을 구비하되, 개봉 시 커피 스틱이 함께 쏟아지지 않는 구조의 커피믹스 포장지를 제공한다.」가 될 수 있다. 이후 이를 구현하기 위한 수단과 그로 인한 효과를 이어서 기술하면 된다.

마지막으로 3단계, 구체화이다. 기재 항목 중 [발명을 실시하기 위한 구체적인 내용]에 해당하며, 앞서 2단계에서 간략히 밝힌 발명의 내용을 구체적으로 설명하면 된다. 전체적으로 보면, 1단계에서 2단계, 3단계로 갈수록 내용이 구체화하는 점진적 기술 방법이다.

훅(hook) + 코어 (CORE) + 구체적인 설명(detailed explanation)

1단계를 훅이라고 하면 2단계는 핵심 내용을 구조화한 코어이고, 3단계는 해법을 실현하기 위한 구체적인 설명이다. 위 예제라면 3단계에서는 해당 커피믹스 포장지의 구체적인 구조와 제조법을 상세히 설명할 수 있다.

특허 작성 포맷의 글 얼개는 1단계의 압축과 3단계의 구체적인 설명 사이에 존재하는 2단계 구조화 과정에 그 특징이 함축적으로 잘 녹아 있다. 따라서 유기적 글쓰기를 위한 기본 글 얼개는 2단계 구조화에서 도출할 수 있다.

이 글 얼개만으로도 짧은 글쓰기를 훌륭하게 해낼 수 있으나, 필요에 따라서는 1단계의 압축과 3단계의 구체적인 설명을 앞뒤로 추가하여 소논문의 형태로 확장할 수 있다.

위 2단계에서 도출된 글 얼개는 CORE(코어)로 약칭할 수 있으며, 훅과 구체적인 설명을 덧붙이는 것은 필요에 따라 선택하면 된다. CORE의 약자 풀이는 다음과 같다.

C: CAUSE(원인 분석)

O: OBJECTIVE(목표 제시)

R: REALIZATION(실현 방안)

E: EFFECT(효과)

CORE(코어)는 메타 사이클을 위한 유기적 글쓰기에 적합하도록 특허 작성 포맷으로부터 핵심 구조만 추출하여 단순화한 것이다. 결과적으로, 글 얼개 CORE는 메타 사이클과 일치함을 알 수 있다. 메타 사이클의 루트 A, B, C에서 도출되는 내용이 순차적으로 자리할 수 있는 구조이다.

어떤 분야이건 특정 현상이나 사물을 이해하고 설명할 때, CORE(코어)를 기준으로 삼는다면 인과적 맥락을 건져 올리는 유기적 글쓰기가 가능하다. 이제 새롭게 탄생한 글 얼개 CORE를 좀 더 자세히 살펴보자.

CORE

첫 번째로 CAUSE, 원인 분석이다. 특허 작성의 [발명의 배경이 되는 기술] 항목에서 유래되었으며, 발명이 해결하고자 하는 문제의 원인을 포함한 배경기술을 설명하던 부분이다. 글 주제와 해법의 설득력을 갖추기 위해서 가장 심혈을 기울여야 하는 내용이다.

CAUSE에서는 글 주제가 탄생하게 된 배경의 인과관계를 중심으로 기술하며, 글 주제에 대한 당위성 획득을 목표로 한다. 따라서 인과관계의 기술은 글 주제의 범위를 벗어나지 않도록 하는 스킬이 필요하다.

예를 들어, 쓰레기 분리 배출 기준의 필요성을 주장하는 글이라면, CAUSE에는 쓰레기 분리 배출 기준이 필요한 이유를 기술한다. 즉, 오염되거나 이물질과 섞인 쓰레기를 각자 편한 방식으로 배출하게 되면 세척과 분리 작업의 한계로 인해 재활용이 어렵고, 이는 쓰레기 처리 비용의 상승과 환경오염 문제로 이어진다는 점을 설명하는 것이다.

그런데 여기서 만일 주제의 범위를 넘어서 일회용품 사용의 증가로 인한 문제까지 기술한다면 한 편의 글에서는 해법과 대비하여 균형을 잃게 되는 것이다. CAUSE는 주제의 범위를 고려하여 그 배경이 되는 인과관계 내에서 문제 원인을 설명하는 것이 중요하다.

CORE

두 번째는 OBJECTIVE, 목표 제시이다. 특허 작성의 [해결하고자 하는 과제]에서 유래되었으며, 글 주제를 밝히는 단계이다. CAUSE에서 기술한 인과관계에서 인과적 맥락을 도출하여 해법의 방향성을 제시하는 부분이다. 글 흐름상 원인에서 해법으로 이어지는 길목의 교량 역할을 하면서 CAUSE에서 도출한 변화의 방향성을 글 주제로 선명하게 부각하면 된다.

예제에서는, 불가피하게 발생하는 쓰레기의 처리 및 재활용률을 높이기 위해서는 명확한 분리 배출 기준이 필요하다는 중심 메시지를 전달할 수 있다.

CORE

세 번째는 REALIZATION, 실현 방안이다. 특허 작성의 '과제의 해결 수단'에서 유래된 부분이며, 목표를 위한 구체적인 해법을 설명한다. 내용이 많다면 중요한 부분을 요약하여 이 부분에 먼저 설명하고 나머지는 글 얼개 이후에 '구체적인 설명'으로 부연하는 것이 좋다.

예제에서는, 가장 바람직한 쓰레기 분리 배출 기준을 기술하면 된다. 예를 들어, 다음과 같이 설명할 수 있다. 「쓰레기를 배출하기 전에 이물질은 물로 깨끗하게 씻어 내고 재질이 상이한 라벨이나 기타 포장재를 벗긴 뒤, 비닐, 플라스틱, 스티로폼, 캔, 병, 종이로 구분하여 배출한다. 단, 이물질이 완전하게 제거되지 않는 것은 종량제 봉투에 담아서 일반 쓰레기로 버린다.」

CORE

최종적으로 EFFECT, 효과이다. 여기서는 제시된 해법으로 인한 효과를 정리하면서 글을 마무리한다. 이는 특허 작성의 '발명의 효과'에서 유래된 부분이며, 해법을 적용한 결과를 예측하거나 평가하는 것이다. 반드시 장점만 나열할 필요는 없고 해법의 한계 혹은 향후 개선 방향에 대한 의견을 포함할 수 있다.

예제에서는, 쓰레기 분리 배출 기준을 준수하면 쓰레기 재활용률을 극대화하고 쓰레기 처리 작업의 효율을 높일 수 있으며 궁극적으로는 환경오염을 줄일 수 있다는 점을 효과로 정의할 수 있다. 더 나아가서는 제품 생산 단계에서부터 재활용이 용이한 포장 기술의 적용이 필요함을 함께 강조할 수 있다.

예제에 대해 글 얼개 CORE에 맞춰 작성한 글을 한데 모으기만 해도 쓰레기 분리 배출 기준에 대한 간략한 유기적 글쓰기가 아래와 같이 완성된다. 여기서, 서두에 혹을 추가하고, 해법에 대한 보다 상세한 설명을 뒤에 부연하면서 글의 분량을 필요에 따라 변화시킬 수 있다.

예제) 쓰레기 분리 배출 기준이 필요하다

같은 양의 쓰레기라도 배출하는 방법에 따라서 처리 효율과 환경에 미치는 영향이 달라진다. 오염되거나 이물질과 섞인 쓰레기를 각자 편한 방식대로 버리게 되면 세척과 분리 작업의 한계로 인해 재활용이 어렵고, 이는 쓰레기 처리 비용의 상승과 환경오염 문제로 이어진다.

쓰레기 처리 효율 및 재활용률을 높이기 위해서는 불가피하게 발생하는 쓰레기의 명확한 분리 배출 기준이 필요하다.

가장 바람직한 쓰레기 분리 배출 기준은 다음과 같다. 재활용이 가능한 쓰레기는 배출하기 전에 이물질은 깨끗하게 제거하고 재질이 상이한 라벨이나 기타 포장재를 벗겨 낸다. 재활용 쓰레기는 비닐, 플라스틱, 스티로폼, 알루미늄 캔, 병, 종이로 구분하여 배출하되, 이물질이 제거되지 않아 오염된 것은 종량제 봉투 혹은 폐기물 봉투에 담아서 따로 내놓는다.

이와 같은 쓰레기 분리 배출 기준을 준수하면 쓰레기 재활용률을 극대화하고 쓰레기 처리 작업의 효율을 높일 수 있다. 궁극적으로는 매립이나 소각하는 쓰레기를 줄임으로써 환경오염을 줄일 수 있다. 향후에는 제품 생산 단계에서부터 무라벨 포장이나 단일 재질 포장 기술을 적용함으로써 쓰레기 분리 배출을 용이하게 하는 것이 바람직하다.

반드시 논술문이 아니더라도 대부분의 글 주제는 해법으로서의 성격을 가지고 있다. 글 주제는 인과관계에서 탄생하며 결과는 원인의 불균형을 해소하는 과정의 산물이기 때문이다. 따라서 특별한 주장이 아니라 단순히 기존 사물이나 현상을 설명하는 글이라 해도 해당 대상이 존재하게 된 인과관계를 바탕으로 글 주제를 부각하는 것은 공감과 이해를 높일 수 있는 좋은 방법이다.

단편적인 정보 전달을 제외하면, 대부분의 글은 설득력을 높이는 것이 공통 과제이므로 글 얼개 CORE는 글 주제를 효과적으로 설명하기 위해 광범위하게 활용될 수 있다.

무엇보다 글 얼개 CORE의 인과적 전개 방식을 이해하고 유기적 지식을 접한다면 요점을 쉽게 파악할 수 있으므로 메타 학습의 효율을 극대화할 수 있다.

발명과 논술을 하나로, 메타 학습의 완성

글쓰기가 중요하다고 하니 논술이라는 과목이 생기고 발명이 중요하다고 하니 이 또한 별도의 과목이 되었다. 논술이건 발명이건 결국 도달해야 할 목표는 생각의 힘인데 교육은 달은 보지 않고 달을 가리키는 각각의 손가락만 보고 있는 셈이다

논술과 발명은 메타 학습 과정에서 동시에 이루어져야 한다.

발명을 문제를 찾아 해결하는 과정으로 본다면, 모든 과목에서 만날 수 있는 '발명적 학습'으로의 방향 전환이 가능하다. 학습 과정을 메타 사이클인 발명 과정에 대입함으로써 발명이 메타 학습의 견인차 역할을 수행하는 것이다.

자신의 관심 분야에서는 누구나 발명가이다. 결과를 중심으로 거슬러 올라가 원인을 분석하고 거기서 정립된 방향성을 토대로 의견을 제시하는 일, 그리고 이 서사를 글로 정리하는 것이 바로 발명적 학습이자, 발명이 이끄는 메타 학습이라고 할 것이다.

일반적으로, 발명은 문제 관찰, 원인 분석, 해법 설계, 그리고 특허 작성의 순서로 이루어진다.

발명 과정

문제 관찰 → 원인 분석 및 방향성 도출 → 해법 설계 → 특허 작성

이상적인 발명 과정은 스스로 문제를 찾는 것에서 시작하며, 원인을 분석하고 변화의 방향성을 도출하는 메타 사이클의 순환 속에서 구체적인 해법을 설계한다. 발명의 전 과정이 메타 학습의 과정과 일치한다고 할 수 있다. 물론, 실제 발명 과정은 원인 분석이 생략되거나 1차적 분석에 그치면서 발명의 이상적 모습과는 어긋날 수 있다.

최종적으로 문제를 정의하고 해법을 구체화한 뒤에는 발명 내용을 글로 작성하는 특허 작성 단계가 이어진다.

특허 심사는 특허명세서만을 기준으로 이루어지므로 특허 작성 과정에서 발명을 설명하는 것은 제2의 발명이라고 할 만큼 중요한 작업이다. 특허 작성은 유기적 글쓰기이며 문제 원인과 해법의 핀트가 잘 맞아야만 설득력 있는 글이 된다.

발명 과정은 전형적인 메타 사이클이므로 메타 학습을 위한 구체적인 모델이 될 수 있다. 발명을 학습에 적용하기 위해서는 성급한 결과물보다는 메타 사이클의 순환을 중심으로 충분한 원인 분석과 비판적 사고의 과정을 경험하도록 설계하는 것이 중요하다.

또한, 학습 결과가 반드시 새로운 발명이어야 할 이유도 없으며, 분야를 산업기술에 국한할 필요도 없다. 다양한 분야에 존재하는 기존의 해법이 어떤 문제 원인을 해결한 것인지 거슬러 탐구하면서 인과적 맥락을 분석한다면 어떤 분야 어떤 주제에 대해서도 발명의 방식으로 메타역량을 발휘할 수 있다.

물론 학습 과정에서도 새로운 문제에 대한 새로운 해법을 도출할 수 있지만, 학습에서 아웃풋부터 강조하게 되면 발묘조장의 우를 범하기 쉽다. 많은 문제 해결식 수업이 그렇듯 마치 마른 우물에서 물 긷는 것처럼 얻는 것 없이 알고리즘 훈련에 그치는 소모전이 될 수 있는 것이다.

학습을 위해서라면 발명 과정은 실제 발명 활동보다는 과거 해법에 대한 역탐구 방법으로서의 활용도가 더 크다고 하겠다.

모든 사물과 현상에는 그것이 존재하게 된 인과적 맥락이 숨어 있다. 인과적 맥락은 원인에서 결과로 가는 변화 과정의 취지이자 방향성이라고 할 수 있다. 역탐구를 통해서 이것을 파악하게 되면 해당 사물과 현상이 왜 존재하게 되었는지 그리고 앞으로는 어떻게 변화해야 하는지를 알게 된다. 정상 궤도를 찾는 것이 메타 학습의 목표이다.

현재의 결과는 애초 취지에서 벗어나기 마련이며 정답이 아니다. 그리고 인간은 그 벌어진 궤도를 수정하고 개선해 나간다. 방향성을 아는 사람만이 더 시급하고 중요한 문제를 찾아내어 미래의 바람직한 변화를 선도할 수 있다.

문제 현상은 산업기술에만 존재하는 게 아니라 모든 분야에 존재한다. 자신이 선택한 주제에 대해 발명가적 자세를 발휘하여 학습한다면 그것이 바로 퍼스트 무버(first mover)의 방식이자 인간의 학습이다.

발명적 학습의 과정

해법의 선택 → 문제 원인 분석 → 인과적 맥락 파악 → 글쓰기

발명의 대상을 산업기술에 국한하지 않고 개별 지식을 하나의 발명으로 생각하면 모든 과목에서 발명적 학습이 가능하다. 즉, 발명의 관점에서 접근하면 어렵지 않게 모든 과목에서 메타 사이클을 구현하는 메타 학습이 가능해지는 것이다.

예를 들어서 우리나라의 선거 제도에 대해 배운다고 할 때 그 제도를 하나의 발명으로 본다. 해당 제도가 어떤 과정을 거쳐 탄생했고 지향점이 무엇인지 그리고 구체적인 특징과 그로 인한 효과와 한계까지 글 얼개 CORE에 맞추어 학습하고 글로 정리하게 되면 메타 학습이 완성된다. 각 주제에 대해 이와 같이 학습해 나간다면, 어떤 분야이건 발명가의 방식으로 사고할 수 있게 된다.

어설프게 발명품을 만들어 내는 것보다 훨씬 더 유익한 학습이 실현된다. 다양한 주제를 친숙한 발명의 개념으로 접근하면서 메타역량 강화를 위한 메타 학습의 효과를 거둘 수 있는 것이다.

발명적 학습은 반드시 글쓰기가 학습을 견인하도록 설계하여야 한다. 지금처럼 교사가 안내하는 대로 뭔가를 만들어 내는 것이 발명 교육이라면 이는 난립하는 문제 해결 프로젝트와 다를 바가 없다.

발명을 통해서 메타역량 강화라는 효과를 거두기 위해서는 발명품이라는 아웃풋에 집착할 게 아니라, 기존 현상이나 사물로부터 변화의 맥락을 이해하고 그것을 글로 표현하여 내면화하는 과정이 학습의 중심이 되어야 한다.

발명적 학습을 통해서 논술과 발명은 하나로 융합할 수 있다. 전형적인 메타 사이클인 발명 과정에 유기적 지식을 적용하여 탐구하고 유기적 글쓰기를 병행한다면 발명은 메타 학습을 위한 최적의 안내자가 될 것이다.

군이 창의나 자기 주도를 서둘러 외칠 필요가 없다. 발명적 학습을 통과하고 나면 창의적이고 자기 주도적인 발명가의 시각으로 세상을 관찰하고 문제를 찾게 된다. 그들은 자기 분야에서 현실의 변화와 미래의 방향을 선도함으로써 자신의 일과 인간의 일을 부합시킬 수 있다.

진정한 리더는 각자의 자리에서 인간의 일을 해내는 사람이다.

3
메타 학습을 위한 변화

교육권의 분립

메타역량에 무지한 교육이 너무 많은 것들을 주도하려고 하면 반교육은 필연적이다. 앞으로의 교육은 인간의 메타역량을 위해 뒤로 한 발 물러나야 한다. 교육 대신 학습이 강조되고 학습자의 주도권은 더욱 강화되어야 한다.

사실상 자기 학습에 가까운 메타 학습에서 교육의 역할은 인간의 고유역량을 강화하기 위한 환경 조성에 있다. 다만, 이것이 실현되고 지속 가능하기 위해서는 정권의 색채나 기득권의 압력으로부터 자유롭게 교육이 존재할 수 있어야 할 것이다.

미래 인재를 양성한다면서 실상은 누군가의 필요에 따른 슈퍼 협력자나 부품화된 인력을 만들어 내는 게 전부인 공장식 교육으로는 인간의 성장이나 가치 회복은 요원한 얘기다. 교육은 부모가 자식을 키워 내는 것처럼 사심 없이 학습자의 성장만을 응원하는 것이어야 한다.

대통령을 행정 수반으로 하고 그 밑에서 교육부 장관이 지휘를 받는 구조로는 교육이 정권의 색채와 무관하게 자신의 일을 해내는 것은 사실상 불가능하다.

정권이 교육을 앞세워 자신 혹은 제삼자의 이익을 대변하는 것을 근본적으로 차단할 필요가 있다. 또한, 교사가 근로자로서 자신의 이익을 위해 세력화하는 것을 넘어 특정 이념에 편향되고 그것이 학생의 가치관 형성에까지 영향을 미치는 것도 경계해야 한다.

현실에서는 교육 당국의 누구랄 것 없이 모두가 진정한 교육을 저해하는 장애물로 작용할 수 있는 만큼 교육권의 철저한 독립과 이에 대한 국민의 감시가 필요하다.

교육이 인간의 고유역량을 돕는 본연의 역할을 흔들림 없이 해내려면 교육권을 분립시켜야 한다. 기존의 삼권 분립 권력 구조에 교육권을 추가하는 것이다. 또한, 교육이 특정 세력에 의해 좌우되지 않도록 국민 전체가 감시하고 참여하는 개방형 교육 시스템을 만들어 가야 한다.

인간의 고유역량을 키워 내는 교육은 불변의 가치를 추구하는 일이므로 고작 몇 년의 임기제 정치나 기타 이익 집단의 욕심에 휘둘려서는 안 된다. 따라서 교육권을 기존 행정권으로부터 분리하여 독립시키는 것이야말로, 교육개혁을 위한 선결 과제이다.

교육은 전 국민이 누려야 하는 헌법적 권리이며 교육 당국은 오로지 인간 고유역량의 성장이라는 절대 불변의 책무를 다해야 한다. 이같은 교육부의 역할과 위상을 고려할 때 교육부를 다른 행정부처와 같은 수준으로 한데 묶어 놓는 것이 적절하지 않음은 분명하다.

교육이 누구의 입김에도 흔들리지 않을 때 우리는 비로소 교육의 진짜 문제를 테이블 위에 올리고 인간의 진정한 성장을 위한 교육정책을 논할 수 있을 것이다.

대학 입시 경쟁의 완화와 평생 교육

인생에서 좁은 관문을 뚫기 위해 경쟁하는 상황은 크게 대학 입학과 취업, 두 가지이다. 그러나 일자리 경쟁은 어쩔 수 없더라도 적어도 대학 입시 경쟁 정도는 맘만 먹으면 얼마든지 없앨 수 있다.

학생 수가 급격히 줄고 있어 지방부터 폐과 또는 폐교의 수순을 밟는 상황임에도 특정 대학에 집중된 입시 경쟁이 줄지 않는 것은 수요와 공급에 의한 당연한 현상이 아니라 불필요한 경쟁을 유지하고 방치할 필요가 있기 때문이다.

우리 교육이 존립하는 기반은 과열된 대학 입학 경쟁이다. 명문대에 들어가기 위한 치열한 경쟁으로 인해 아무도 교육의 진정한 역할을 질문할 엄두를 내지 못하는 사이 모두가 공교육 붕괴의 공범이 되어 버렸다고 말할 수 있다.

인간의 특기인 메타역량을 키워 줄 어떤 역할도 교육은 해내지 못했고 진정한 의미의 교육 기능을 상실한 지 오래이다. 사람들은 설정된 경쟁에 충실한 플레이어이길 자처할 뿐 그 경쟁의 의미나 필요성에 대해선 침묵한다.

설령 교사가 좋은 수업을 하고 싶어도 결국은 대학 입시에서의 유불리로 재단될 수밖에 없는 현실에서 변화를 만들어 내기는 어렵다. 그래도 학부모라면 한 번쯤은 이런 식의 교육이 바람직한지 걱정해 보았을 테지만 결국 모두가 하고 있다는 이유로 자기 합리화를 해 왔다.

그렇게 대학 입시만이 교육의 목표가 되어 버린 현실에서 가장 큰 피해자는 학생이다. 메타역량을 무시한 반교육의 결과, 견고한 기존 질서의 부품이 될 수는 있어도 인간으로서의 완성과는 멀어져 아까운 인생을 허비하는 것은 학생 자신이기 때문이다.

소비자가 요구하지 않는데 공급자가 스스로 알아서 변하는 시장은 없다. 교육도 공급자와 소비자가 만들어 가는 시장이며, 허접한 상품 하나만 줄기차게 팔아도 그걸 사겠다고 앞다투어 경쟁을 벌이는 소비자만 존속해 준다면 교육산업 역시 굳이 개선될 이유가 없는 것이다.

학습자와 학부모를 포함하는 교육 소비자가 주어진 경쟁에만 매달리면 교육은 소비자가 아닌 기득권의 편에 서서 더욱 당당하게 반교육을 이어 갈 것이다. 공교육의 문제는 어쩌면 대학 간판을 위해 입시에만 목을 맨 소비자의 지분이 더 클지도 모른다.

소비자의 견제는커녕 소비자의 전폭적인 추종하에 입학 정원제 하나로 유지되는 대학 입시 시장의 활황은 기득권의 논리나 산업화한 사교육 시장의 먹이사슬 말고는 달리 설명할 방법이 없다.

호모 데우스를 인류의 목표라고 말하는 기술 문명이 폭주하고 있음에도, 공교육은 눈앞의 경쟁만 추구하게 한다. 어린 시절 호기심으로 가득했던 인간은 공교육의 긴 터널을 통과하고 나면 더 이상 이유를 묻지 않는다. 인간의 고유역량을 마비시키는 반교육에 대해 이제는 교육 소비자에서 벗어나서 인간의 진정한 성장을 질문할 때가 되었다.

입시 경쟁이 지금처럼 과열되는 한 어떤 처방도 결국은 사교육 위주의 기형적 입시 경쟁만 부추기게 될 것을 우리는 알고 있다. 대학 입시 경쟁을 손질하지 않고서 가능한 교육개혁은 없다. 대학 하나로 귀결되는 입시 위주 교육으로 인해서 우리는 교육에 대한 정상적인 기대를 잃었다.

IB 같은 해외 논술형 교육을 통째로 이식하겠다는 조급한 미봉지책이 나오는 것도 다 이유가 있는 것이다. 사람도 병이 들고 모든 치료가 소용없을 때나 지푸라기라도 잡는 심정으로 장기 이식을 고려하게 된다. 해외 교육 시스템의 전면적인 이식은 장밋빛 미래가 기대되기보다는 우리 교육이 얼마나 심각한 위기 상황인지 가늠케 할 뿐이다.

그러나 문제 원인을 모르면서 과감한 해결책을 내놓는 것처럼 무책임하고 위험한 일은 없다. 성급하게 평가 방식이나 입시전형 조금 손질하는 정도로는 격화소양에 불과하다. 새로운 시스템으로 전환하느라 교육 현장에 장기간의 혼란만 불러올 게 뻔하며 바람직한 변화는 애초에 불가능하다.

정상 궤도가 무엇인지 아는 자만이 벗어난 궤도를 발견할 수 있다. 정상 궤도를 모르는데 무슨 수로 잘못된 방향을 찾아내고 변화를 이끌 수 있는가. 잘못된 진단으로는 근본적 변화를 기대할 수 없다. 우리의 입시 제도는 철저한 원인 분석을 토대로 아예 바닥부터 새롭게 쌓아 올릴 각오로 접근해야 할 것이다.

대학 교육은 모든 성인을 대상으로 하는 평생 교육의 형태로 전환하는 것이 바람직하다. 앞으로 대학은 수강은 열려 있고 학위는 닫혀 있는 시스템을 만들어 가야 한다.

이미 시행착오를 겪어 본 입학 정원제나 졸업 정원제 같은 인위적 정원 제한의 얘기가 아니다. 입학도 졸업도 자격시험화하여 남과 경쟁하기보다는 자신과 경쟁하도록 하는 것이다. 일정 자격만으로 대학에서의 수강 기회는 확대하되, 학위를 받기 위한 기준은 높임으로써 인재의 수준은 높이고 인위적 경쟁은 제거해야 한다.

아예 대학을 통합하거나 학위를 통합 운영하여 대학 교육이 간판을 얻는 목적이 아니라 실질적 역량과 학위 취득에 초점을 맞추도록 하는 것도 좋다. 독학사나 로스쿨처럼 어디에서 수학하건 최종적으로는 통합된 학위나 자격을 얻는 방식이 일반 대학이라고 불가능할 이유는 없다.

대신, 학업 컨설팅 서비스인 일대일 맞춤형 관리 시스템을 구축하여 학습자의 학업 스케줄링을 더욱 밀착 지원하여야 한다. 이를 통해서 기존 수업 방식과 학점은행 시스템을 혼용하거나 전공에 필요한 과목을 이수하고 필요한 조건을 갖추는 과정을 각자의 스케줄에 맞게 진행할 수 있도록 돕는 것이다. 최종적으로는 별도의 심사기관을 통해서 학위를 인정받을 수 있다. 이미 국공립대학 통합이나 지역 연합 대학 등의 유사한 논의도 있었으나, 언제나 기득권의 이익이 넘어야 할 산이다.

또한, 기술은 이미 우리가 무엇을 원하든 그것을 실현할 수 있을 만큼 발전해 있다. 콘텐츠의 생산, 온라인 수강, 평가 및 관리에 이르기까지 에듀테크를 활용한 전 국민 수강 시대도 가능하다. 수강 인원을 제한할 명분이 사라지고 있는 것이다. 그리고 분산된 다양한 국비 지원 과정도 대학 학위 과정에 편입하여 통합된 평생 교육 플랫폼을 마련할 필요가 있다.

대학이라는 인위적 장벽으로 인해 교육 수요자와 공급자 간의 만남이 제약받던 시대를 끝내야 한다. 일부 강의만 존재하는 현재의 K-MOOC가 아니라 대학의 모든 강의와 대학 밖에 모든 전문가 노하우까지 흡수할 통합 플랫폼을 만든다면 굳이 어느 대학을 찾아가야 할 이유도 없다.

온라인과 오프라인이 통합된 평생 교육 플랫폼을 통해서 학업의 기회는 언제나 열려 있고 대학 교육은 필요한 학위나 역량을 획득하기 위한 평생 교육의 형태로 진화하는 것이다. 이미 존재하는 독학학위제, 학점은행제, 국가직무능력표준(NCS) 등의 시스템을 융합하여 발전시킨다면 누구나 평생에 걸쳐 학습의 기회를 누리며 성장할 수 있다.

현재의 기술 수준에서 이 모든 것은 충분히 상상해 볼 수 있는 것들이며, 이밖에도 과열된 입시 경쟁을 없애고 공교육을 정상화할 수 있는 구체적인 방안은 얼마든지 있다. 방법이 없어 못 하는 게 아니다. 신기하게도 늘 문제의 핵심을 피해서 굳이 어려운 길로 돌아가며 입시 경쟁을 유지하는 것은 기득권을 위한 교육 소비자에 대한 기만에 불과하다.

입학 정원제 하나로 모든 교육 당사자들을 성적 경쟁의 소용돌이로 몰아넣고 반교육을 만드는 현 입시제도의 민낯은 참담한 수준이다. 공교육이 메타역량을 위해 존재하고 대학이 진정한 학문의 요람이 되기 위해서는 무엇보다 교육 소비자가 나서 불필요한 경쟁에 의문을 제기할 수 있어야 한다.

정성평가 기관이 필요하다

학교에서의 평가란 엄연히 교육을 위해 필요한 것이지만, 현실은 교육이 평가를 위해서 존재한다고 해도 과언이 아니다. 불가피한 일부 절대평가를 제외한 과도한 줄 세우기 평가는 반교육을 만드는 주요 원인이기도 하다.

학생 개개인의 성장에 집중해야 할 교육이 평가에 주력하는 것은 교육 본연의 모습에서 멀어진 비정상적인 상황임이 분명하다.

교육을 정상화하기 위해서 평가의 개혁을 주장하는 사람들은 보통 답안 작성 방식이나 선다형 평가 혹은 상대평가의 문제에만 집중하는 경향이 있다. 그러나 진짜 문제는 학교의 내신평가 그 자체이다.

교육기관의 평가는 어디까지나 교육의 효과를 확인하기 위한 목적으로 최소화하여야 한다. 학교의 평가는 수업에서 전달된 학습 내용을 이해하고 암기하고 있는지를 확인하는 절대평가면 충분하다. 이외의 자기 주도적 활동의 결과물은 그 시행착오 과정을 확인하여 기록하면 된다. 그 이상의 상대평가는 사실상 권한 남용이라고 할 수 있다. 교육은 시행착오를 위한 연습의 과정이기 때문이다.

최소화되는 교육기관의 평가는 상대평가가 필요한 실제 경쟁의 관문에서 별도의 평가기관이 피평가자의 학습 과정을 확인하기 위한 용도로만 활용되는 것이 바람직하다.

교육기관은 이제 과도한 평가를 멈추어야 한다. 학교는 인간의 성장을 지원해야지 서열을 정해 주는 평가기관이 아니다. 대학 서열화와 공고히 맞물려 대학을 위한 평가기관으로 전락한 교육 현실이야말로 교육의 가장 심각한 일탈이라고 할 수 있다.

인간의 메타역량을 키우는 것은 엄정한 평가가 아니라 유기적 지식 위에서의 자유로운 시행착오이며, 이 시행착오는 성장의 과정이지 결과가 아니다. 따라서 시행착오 과정에 있는 학습자를 대상으로 평가하고 서열을 매기는 일은 교육이 절대 해서는 안 되는 일이기도 하다. 자라나는 생각나무의 품질을 미리 단정하고 등급을 매기는 일은 성장 가능성을 일축하는 폭력에 지나지 않는다.

시행착오가 당연한 교육과정 중의 평가가 경쟁에 활용되는 것은, 교육의 배신이다. 교사가 완장을 차고 학생의 가능성을 멋대로 재단하는 것이야말로 교권 추락의 원인이기도 하다. 가르치지 않고 점수 매기기 급급한 교사에 존경심이 생기기는 어려운 일이다. 교권을 평가권으로 전락시킨 대가이다.

학업 성과를 평가하고 서열을 정하는 것은 교육이 끝난 후 경쟁의 관문에서나 필요한 것이다. 학교는 평가 업무에서 벗어나 인과성이 듬뿍 담긴 유기적 지식을 전달하는 교육 본연의 역할과 학습자 개인별 성취에 관심을 집중할 때이다.

상대평가는 교육기관이 아닌 선발기관의 몫이 되어야 한다. 선발기관이 필요로 하는 인재는 자체적으로 혹은 전문가로 구성된 별도의 평가기관에 위탁하여 엄정한 정성 평가로 선발해야 한다. 예를 들어, 미네르바 대학은 SAT(Scholastic Assessment Test)나 ACT(American College Testing Program) 같은 외부의 다른 표준화된 공인 점수를 사용하지 않고 자체 시험으로만 학생을 선발한다. 지원자는 3단계에 걸쳐서 자신을 어필하고 자신이 성취한 결과물에 대해 평가를 받아야 한다.

한 사람 한 사람의 역량을 정성적으로 평가하는 것은 분명 많은 비용이 드는 일이지만 당락이 결정되는 중요한 관문이라면 반드시 진정성 있는 정성평가가 이루어져야 한다.

정성평가에서는 학습자가 성취한 학업의 결과물을 소논문의 형식으로 제출하고 발표하게 할 수 있다. 그간의 학습 과정에 대해서는 이수 과목이나 기타 확인 평가의 결과를 토대로 적합성을 판단한다. 즉, 평가 대상은 학업의 결과물인 소논문이며 해당 논문이 탄생하기까지의 과정 역시 교육과정에서의 확인 평가 결과를 활용한다. 논문 심사 외에도 피평가자의 발표와 질의응답을 통해서 현장 평가를 병행해야 한다.

A 레벨이나 IB도 소논문 평가를 포함하지만, 옵션이거나 비중이 크지 않다. 이들을 벤치마킹하여 확대 적용할 필요가 있다. 이를 위해서는 평가기관이 수요에 맞게 확대 설치되고 많은 전문가가 이곳에서 평가 위원으로 활동할 수 있는 시스템이 갖추어져야 할 것이다. 이와 같은 고품질의 정성평가는 대학 입학은 물론 학위 취득이나 취업처럼 인재의 축적된 역량을 정확하게 평가해야 하는 모든 관문에서 활용될 수 있다.

대학 입시 경쟁을 완화함으로써 장장 12년 이상 대입에 허비되던 천문학적인 비용을 정성평가에 투자한다면, 세계 최고의 평가 시스템을 구축하는 것도 불가능하지 않을 것이다.

정말 필요한 시기에 제대로 된 평가가 이루어지도록 교육과 평가를 분리하는 것은, 교육이 바로 서기 위한 전제 요건이다. 점수 매기는 일이 주 업무가 된 학교가 제 역할을 회복하는 일이야말로 가장 시급히 해결해야 하는 교육 과제라고 할 것이다.

평가의 주체를 교사에서 전문 평가기관으로 변경하고 평가 방식을 선다형 정답평가에서 소논문 정성 평가로 바꾸는 것만으로도 교육의 꽤 많은 문제는 해결될 수 있다.

근본적 문제를 조명할 수 있다면 굳이 해외 시스템을 통째로 이식하는 모험을 감행하지 않아도 충분한 개선의 기회를 만들 수 있다. 학교를 단숨에 바꿔 보려는 넘치는 열정을 전문평가 인력을 양성하고 제대로 된 정성평가 시스템을 구축하는 데에 활용한다면 더 현명한 전략이 될 것이다.

교육개혁과 지식 일자리

진정한 교육개혁은 인적 뒷받침 없이는 불가능하다. 메타 학습이 주도하는 교육으로의 전환과 대학의 평생 교육화라는 변화만 고려해도 메타 학습 가이드, 정성평가, 유기적 지식의 생산, 학업 컨설팅 등을 담당할 많은 전문가가 필요하다. 교육개혁은 기존 교육 시장의 인력을 새로운 패러다임에 맞게 재교육하고 신규 인력을 양성하는 일을 꾸준히 병행해 나가야 한다.

당장 필요한 전문 인력의 역할과 그에 필요한 역량은 다음과 같이 예측해 볼 수 있다.

첫째, 메타 학습 가이드이다.

메타 학습은 자신이 정하는 관심 주제를 스스로 탐구해 가는 과정이므로 메타 학습 가이드는 줄탁동시의 자세로 메타 사이클의 순환 과정을 지도할 수 있어야 한다.

위상으로는 기존 교사에 해당하지만, 진도에 따라 정해진 수업 내용을 전달하는 것에 중점을 두던 교사와는 달리, 메타 학습 가이드는 학습 과정을 조언하는 사람이다. 스스로 방향성을 도출하는 자율적인 메타 학습에서 메타 사이클을 중단 없이 무사히 완주할 수 있도록 돕는 역할을 하게 된다.

이를 위해서는 지식뿐만 아니라 고도의 메타역량을 지녀야 하며, 사물과 현상에 대한 통찰력이 있고 발명가처럼 문제를 찾는 일에 익숙할 것이 요구된다.

둘째, 정성평가 인력이다.

정성평가는 대학 입학, 취업 등과 같이 인재를 선발해야 하는 상황이거나 자격 및 학위의 인정에서 활용할 수 있는 평가 방식이다. 경쟁 방식에 따라서 상대평가와 절대평가 모두가 가능하다.

특히, 대학 입학이나 취업의 경우, 지원자가 학습 과정에서 경험한 시행착오를 정리한 자기소개서와 관심 분야의 탐구 결과로 탄생한 논문 발표가 평가 대상이 될 수 있다. 이 정성평가는 별도의 전문가들이 주도해야 하며, 교육과정에서의 평가는 그 시행착오 과정의 진정성을 확인하는 자료로 활용되는 데에 그쳐야 한다.

전문 기관에 의한 정성평가 시스템이 자리 잡기 위해서는 많은 전문 인력이 필요하다. 일일이 논문을 읽고 심사해야 하며 교육과정의 평가 결과를 심사하고 발표와 질의응답에도 참여해야 한다.

정성평가가 확대 적용되면 평가 업무와 그것을 수행할 전문 인력에 대한 수요는 기하급수적으로 증가할 수밖에 없다. 입시 경쟁에 허비하는 천문학적 비용이 제대로 된 평가를 위해 투자될 수만 있다면 충분히 실현 가능한 일이다.

셋째, 유기적 지식의 생산자이다.

상황을 높은 시야에서 관찰하고 진짜 문제를 찾아낼 수 있는 메타역량은 유기적 지식의 토양에서만 성장할 수 있다. 교육은 이제 평가의 부담에서 벗어나 양질의 유기적 지식을 제공하는 본연의 임무에 집중해야 한다.

유기적 지식의 생산은 각 분야 전문가의 역할이 중요하다. 부모가 자녀를 위해 음식을 준비할 때에도 식재료를 생산하는 다른 이들의 도움이 필요한 것처럼, 유기적 지식의 제공 역시 그 분야 전문가의 도움이 절대적이다.

지금처럼 교과서를 만드는 정도가 아니라, 과거 이익 선생의 성호사설이나 현대의 위키백과 프로젝트처럼 다양한 분야를 망라한 스토리텔링을 구성해야 한다.

많은 전문가가 참여하고 지속적으로 갱신해 나가는 과정을 국가 차원의 지식 유기화 사업으로 설정하여 장기적으로 운영해야 하므로, 관련한 지식 일자리 확대는 필수적으로 수반된다.

전문가는 자신의 영역에서 전문성을 구축한 사람이다. 어떤 분야의 어떤 일이라도 메타역량을 동원하여 탐구하는 자세로 임한다면 분야를 뛰어넘는 통찰력을 갖게 되며 많은 사람에게 영감을 줄 수 있다.

유기적 지식은 사회 전 분야에서 생산될 수 있으며 전문가의 모든 경험과 지혜는 다 교육적 효과를 가진다. 이렇게 각계각층의 전문가들이 모여 지식의 퍼즐 조각을 맞출 때 학습을 위한 양질의 유기적 토양이 완성될 수 있다.

군이 대학의 교수나 학교의 교사로 한정하여 그들에게만 배우는 시대는 지났다. 전업 교육인이 아니어도 자신의 시간을 쪼개어 전문성을 나눌 기회가 주어진다면, 학습의 질적 향상은 물론이고 양질의 지식 일자리도 확대할 수 있다.

각종 사설 영상 플랫폼의 부상을 볼 때 자신의 전문성을 나누고자 하는 전문가는 넘쳐나고 있다. 이들이 활약할 수 있는 통합 교육 플랫폼이 공공의 영역에 존재한다면 교육적 효과는 물론이고 사회 전반에 건강하고 지적인 활력이 넘쳐날 것이다.

넷째, 학업 컨설팅 영역이다.

메타 학습을 통해 경주마의 운명에서 벗어나 설레는 항해를 계획하는 학습자를 위해서는 관제사의 역할을 할 전문 컨설턴트가 필요하다.

메타 학습의 성패는 자신이 무엇을 학습할지 그리고 언제 학습할지를 스스로 결정하는 자기 주도력에 달려 있으며 이 과정에서 학습자는 그동안은 내면 어디에 숨어 있었는지 모를 수많은 질문과 만나게 된다. 질문이 필요 없던 경주마에서 보물섬을 향한 가슴 뛰는 항해를 준비해야 하는 짐 호킨스가 된 격이니 당연한 변화이다.

갑자기 궁금한 게 많아지는 학습자를 위해서는 평생의 항해 과정을 조언해 줄 학업 컨설팅 전문가가 필요하게 된다. 이들은 대학 입학이 최종 목표였던 기존의 진로 상담자와는 달리, 메타역량이라는 인간의 고유역량을 바탕으로 학습자가 자신의 관심사와 소질에 맞게 자신의 역할을 단계별로 설계하고 발전시켜 갈 수 있도록 돕는 인생의 조력자이다.

메타 학습을 통해 평생을 학습하는 인간을 위해서는 풍부한 사회 경험과 성숙한 메타역량을 지닌 전문 인력의 학업 컨설팅이 학습 활동과는 별개로 지원되어야 한다.

* * *

메타 학습 과정에서 학습자는 더욱 다양해진 학습 콘텐츠로부터 자신에게 필요한 유기적 지식을 구성할 수 있어야 한다. 또한, 자신의 관심사에 더 귀 기울이고 자신의 진로를 스스로 개척해 가야 하며, 필요한 소양도 찾아 갖추어야 한다. 정성평가를 위해서는 논문을 작성하기 위한 탐구 활동도 계획해야 한다.

자기 주도의 메타 학습 과정에서 많은 시행착오가 불가피한 학습자를 위해서 다양한 분야의 많은 전문 인력이 요청된다. 학생의 서열이나 매기는 냉정하고 그릇된 교육에서 벗어나 사회 전체가 인간의 성장을 위해 협력한다면 교육은 물론이고 사회 전반에 긍정적인 변화가 일어날 것이다.

메타역량 강화라는 방향성을 기준으로 교육의 문제를 바라보고 교육개혁을 실천하면 모든 것이 제 자리를 찾게 된다. 교육은 제 역할을 찾고 그간 사교육에 들였던 비용과 인력이 교육 분야의 새로운 지식 일자리에 투입되는 업사이클링이 가능하다.

이 변화는 기존 사교육 시장과는 비교할 수 없을 정도로 양적 질적으로 개선된 경제를 창출할 수 있다. 인공지능 시대에 기존 직업들은 많은 부분 사라지고 변모하겠지만 자신의 경험과 전문성을 바탕으로 교육적 영향력을 미치는 일은 인류가 존재하는 한 언제나 블루오션이다.

이 시대의 가장 시급하고 근본적인 과제는 두말할 나위 없이 교육 개혁이다. 모든 문제의 출발은 인간의 잘못된 생각이며 그런 인간을 만드는 것은 교육이기 때문이다. 컴퓨터 하드웨어에 다양한 소프트웨어를 구동시키는 것처럼 특기가 정신 작용에 있는 인간은 교육이라는 프로그래밍에 따라 얼마든지 달라지는 존재다.

학교가 정해 주는 경주로를 목표로 경주마의 스킬만 배우는 것은 인류가 기술지상주의자들이 원하는 호모 데우스로 개조되는 수순이라고 할 수 있다. 고유의 가치를 잃은 존재에게 미래가 없는 것은 기술지상주의 때문이 아니라 자연의 이치에 더 가깝다.

따라서 교육의 가장 시급한 과제는 인간의 고유역량 회복이지만, 기존의 어떤 교육도 이것을 목표로 하거나 이를 위한 해법을 내놓지 못하고 있다. 남의 떡이 커 보이는 착시일 뿐 문제를 내고 지식을 정답화하는 반교육의 본질은 현실 교육의 공통점이다. 그럼에도 불구하고 섣불리 남의 교육 시스템을 이식하는 해법을 강행한다면 개혁의 마지막 타이밍마저 놓칠 위험이 있다.

사회 모든 문제의 출발점이라고 할 수 있는 잘못된 교육을 개혁하기 위해서는 개개인이 기존과는 전혀 다른 방향으로 생각하고 움직여야 한다. 해결책을 외부에서 찾거나 남이 어떻게 해 주기만을 기다린다면 수백 년이 지나도 교육은 분주한 제자리걸음만 하고 있을 것이다.

지금까지의 교육개혁이 실패할 수 있었던 것은 변화의 구심점인 교육 수요자 자신이 문제를 외면하고 손을 놓고 있었기 때문이다. 조용하지만 가장 강력한 교육개혁은 학습자가 자신의 고유역량을 인식하는 내면의 변화가 그 시작이 될 것이며, 사회 전체가 인간의 학습을 위해 협력할 때 완성될 것이다.

필자가 발명을 거울삼아 메타 학습을 만날 수 있었던 것은 직업이 안겨 준 행운이다. 유레카를 외치며 기뻤던 깨우침도 잠시 그것을 정리하여 소개하기까지는 긴 여정이 필요했다. 아직 아쉬움이 남지만, 이 책이 너무 늦지 않게 세상에 도착하기를 바라는 마음으로 마침표를 찍는다.

『인간의 학습법』은 인간의 고유역량인 메타역량을 조명하고 이를 위한 설계도를 펼쳐 보인다. 메타역량은 변화의 흐름에서 올바른 방향을 인식하려는 초월적 각성이다.

메타역량을 잃은 시대에는 행복이라는 이름의 쾌락이 인생을 이끈다. 욕망이 삶의 주인이 되면 이것도 옳고 저것도 옳다는 식의 가치 전도가 횡행할 수밖에 없다. 그렇게 모든 것을 허용한 결과는 아이러니하게도 허무이다.

허무는 쾌락을 흡수하는 블랙홀이며, 메타역량을 상실한 인간은 그 허무의 늪을 벗어나기 어렵게 되었다. 창공을 날아오르기 위해 가슴 설레는 성장기로 가득해야 할 인생이 실상은 부화하지 못하는 알껍데기로 전락한 것이다.

그러나 어두운 밤 등대 하나가 위험을 경고하고 안전한 길을 안내하듯이, 위태로운 인생에도 메타역량 하나면 충분하다. 메타 학습으로 인간의 가치와 작용이 세상에 다시 깨어나길 간절히 기원한다.

혜온재에서

저자가 전하는
인생 항해를 위한 열다섯 가지 수칙

1. 혼자만의 시간을 확보하라

생각하기 위해서는 혼자여야 한다.

인간은 외로운 시간을 견뎌야 성장할 수 있다.

2. 지식을 의심하고 비판하라

어떤 명분과 권위를 앞세우더라도 세상의 지식에 정답은 없다.

지식 더미에 파묻히지 말고 소화하고 성장하라.

3. 고민 해결에 애쓰지 마라

환경은 다르지만, 인간의 일은 동일하다. 각자 처한 상황을 뒤로하고

항해를 떠나라. 자신의 고민에 매몰되어 그 해결에 애쓰지 마라.

주어진 시간 주어진 환경에서 인간의 일을 위해 노력하라.

4. 욕망을 따라가지 마라

욕망은 어린아이와 같다. 보살피고 가르쳐야지 숭상해선 안 된다.

메타역량을 키워 욕망을 제어하라.

5. 원인을 생각하고 문제를 찾아라

눈앞의 사물과 현상에 일희일비하지 말고,

그것의 원인을 먼저 생각하라. 그리고 진짜 문제를 찾아라.

6. 공포와 불안을 멀리하라

고유역량에 승선하고 안심하라.

공포와 불안을 부추겨 생각을 방해하는 것이 있다면, 가볍게 무시하라.

고유역량의 항해가 중단되는 것보다 불행한 일은 어디에도 없다.

7. 질투하지 마라

쾌락의 섬에 갇혀 질투의 포로가 되지 마라.

우리는 경쟁자가 아니라 한 편이다. 서로의 항해를 돕고 격려하라.

8. 죽을 때까지 성장하라

남는 시간, 헛되이 놀지 말고 세상의 이치를 파악하라.

겸손하게 글을 쓰고 실천하라.

인생의 모든 시행착오가 유의미해지도록 끝까지 성장하여

유종의 미를 거두라.

9. 휴대폰은 필요할 때만 써라

전자기기가 주는 환상은 생각을 멈추게 한다.

미디어의 연결을 줄이고 자연을 가까이 하라.

10. 주식에 투자하지 마라

주식 투자를 통해 폭주하는 기술 문명과 공동 운명체가 되고 나면

그것을 비판할 수 없다. 주식뿐만 아니라 모든 돈에 투자하지 마라.

돈이 인생의 주인이 되면, 잘못된 궤도를 알고도 바로잡을 수 없다.

11. 병의 근본 원인을 개선하라

아플 때 함부로 대증 치료 하지 마라. 병은 몸과 마음의 구조 신호다.

근본 원인을 파악하고 삶을 개선하는 기회로 삼아라.

12. 자녀에게 인간의 일을 가르쳐라

자녀를 정말 사랑한다면 욕망을 가르치지 말고 인간의 일을 가르쳐라.

나머진 스스로 알아서 할 것이다.

13. 소비를 줄여라

검소하게 생활하라. 불필요한 지출을 줄인다면

돈으로 살 수 없는 인생의 시간을 벌 수 있다.

14. 뉴스에 동요하지 마라

뉴스는 홍보다. 무수한 사건 중에서 왜 하필 지금 저 뉴스가 선택되어

홍보되고 있는지 그 이면의 의도를 먼저 생각하라.

15. 인간의 성장에 투자하라

주변에 제대로 학습하지 못하는 이웃을 위해 투자하라.

그들이 성장의 시간을 확보할 수 있도록 필요한 것을 도와라.

타인의 성공이 곧 나의 성공이다.

*

인간의
학습법

ⓒ 혜온, 2024

초판 1쇄 발행 2024년 1월 23일

지은이   혜온
펴낸이   이기봉
편집   좋은땅 편집팀
펴낸곳   도서출판 좋은땅
주소   서울특별시 마포구 양화로12길 26 지월드빌딩 (서교동 395-7)
전화   02)374-8616~7
팩스   02)374-8614
이메일   gworldbook@naver.com
홈페이지   www.g-world.co.kr

ISBN   979-11-388-2697-6 (03370)